파리를 걸으며
예술을 만나다

문화의 도시 프랑스 파리 산책과 근교 방문기
Paris, la Ville Centrale des Arts

파리를 걸으며 예술을 만나다

Promenades en Paris et les environs

김종수 지음

바이북스
ByBooks

예술과 문화의 도시, 파리 그리고 사람들

'예술과 문화'는 인류의 유산 가운데 쉽게 소실되는 특징을 지녔고 또 하루아침에 만들어지는 것도 아니다. 사람들이 지어낸 아름다운 건축물이나 그림이나 예술 작품은 시간이 지나면 생성소멸의 자연 법칙과 전쟁이나 욕심 따위의 인공 장애물에 걸려서 대부분 소실되었다. 이런 세상 법칙을 알고 아름다운 것들을 보존하기 위해서 목표를 세우고 수고했던 사람들이 있다. 그들은 부서지기 쉬운 이 땅의 아름다운 것들을 보호해서 후손들에게 유산으로 전해야 한다는 생각을 가지고 꾸준히 노력했다. 그 결과 세계적 문화유산을 보존하게 되었고 바로 파리 시민들이 자랑하는 도시가 되었다. 그들은 전쟁의 폐허와 무위를 체험했고 그리고 파괴의 본능이 사람에게 있는 것을 스스로 인정하고 필요한 때는 그들의 왕과 영웅들이 추구했던 국가적 영광과 욕심을 예술과 문화를 위해 미련 없이 버렸던 결과 오늘의 프랑스와 파리 시를 보존할 수 있었다.

그러나 오늘의 세계적 화제는 예술과 문화 대신에 단연 문명의 눈부신 발전이고 풍요와 인간적 승리를 구가하는 것들이다. 그 결과 부작용도 만만치가 않다. 이런 의미에서 나는 여러 사람에게 치유와 건전한 정신적 에너지를 보충하는 방법으로 여행을 권하고 그리고 첫 여행지로 프랑스와 파리를 먼저 추천하고 싶다.

이 책이 소개하는 여행기는 첫날부터 끝나는 날까지 특별한 목적을 정하지 않고 마음이 가는 곳을 걸어 다니며 보고 느꼈던 생각의 얼마를 추린 얘기들이다. 여행은 한 번으로 끝날 수도 있지만 정말 좋아하는 곳은 여러 번 가보고 찾아보면서 하나의 아름다운 추억이 기억 속에 저장되는 것이 보통이다. 프랑스를 찾는 방문객들이 이곳에 등장하는 여러 곳을 한 번의 여행으로 다 방문하기는 어려울 듯하지만, 누구나 형편대로 또 취향에 따라 몇 곳을 찾아보면서 여행을 시작하고 또 즐길 수 있다. 이번에 보지 못하는 곳은 서두르지 말고 다음 기회로 미루고 두 번째나 세 번째 여행을 계획해서 파리의 예술과 문화를 깊게 음미하기를 바라면서 작은 안내서를 내놓는다.

차례

3부 다시 파리 시내를 거닐다

4부 다시 파리 근교 방문하며

1부

PARIS

파리 시내를
하루 걸으며

1

파리 도착

- 샤를 드골Charles de Gaul 공항에서
  시내16구 숙소로 가는 길

셴Seine 강변도로에서 만나는 파리의 명물, 미라보Mirabeau 다리 그리고 그르넬Grenelle 다리 아래의 자유의 여신상 그리고 비르아켐Bir-Hakeim 다리 너머로 보이는 에펠Eiffel 탑의 전경을 감상

5월은 파리의 여름이 시작하는 철이다. 우리는 샤를 드골 공항에 오후 6시가 넘어서 도착했지만 초여름 파리의 따뜻한 햇살이 늦게까지 남아서 우리를 반갑게 맞아 주었다. 공항을 빠져나온 우리는 곧 에이원A1 이라는 프랑스 북부 고속도로를 달려서 시내로 들어가는 길

을 택했다. 퇴근 시간이었다. 고속도로는 붐비는 차들로 가득해서 우리가 탄 차도 천천히 늑장을 부리며 가다가 이내 파리 시 주변을 뱅뱅 도는 페리페릭Peripherique이라는 시 외각 순환도로에 진입했다.

페리페릭 순환도로는 파리 시 주위를 큰 원형으로 달리는 순환도로로 모두 34개의 진입로가 있어서 각처에서 파리 시내로 들어오는 차들이 목적지에 가까운 출구에서 빠져나가도록 만든 편리한 고속도로이다. 시내에 많은 차량들이 몰리는 것을 방지하고 시 외곽 도로를 이용해서 차들이 목적지에 가까운 출구로 이동해서 빠져나가게 하는 4차선 도로이다. 최고 80km까지 달릴 수 있는 이 도로는 한 가지 교통원칙을 적용해서 서로의 안전을 지킨다. 달리는 모든 차는 우측에서 진입하는 차에게 늘 우선권을 준다는 한 가지 원칙 밑에서 수많은 자동차들이 스스로 교통정리를 하며 들어가고 나가고 하는 순환도로이다.

우리가 탄 차는 페리페릭 순환도로에 있는 세브르Porte de Sevres라는 출구에서 순환도로를 빠져 나와 16구Arrondissement에 있는 숙소로 가기 위해서 센 강변도로로 들어갔다. 강변도로에 들어서자 우

에펠탑을 배경으로 미라보 다리 위에서

리 앞에 갑자기 짙은 청동 교각이 나타났고 그 곁에 아름다운 여인이 횃불을 들고 우리를 맞았다. 귀에 익은 유명한 샹송 가사에 등장하는 아름다운 미라보 다리와 그 뒤로 말없이 횃불을 들고 서 있는 〈자유의 여신상Statue de la Liberte〉이었다. 미라보 다리와 조금 떨어져 있는 그르넬 다리 아래에 횃불을 들고 서 있는 〈자유의 여신상〉은 오래된 청동이 빚은 짙은 초록색을 강물la seine 위에 흠뻑 뿌리고 있었다.

달리는 차가 그르넬 다리를 지나자 곧 멀리서 비르아켐Bir-Hakeim 다리 너머로 우뚝 선 에펠탑Tour d'Eiffel이 정겹게 우리를 맞았다. 언제 보아도 아름다운 파리의 모습이 한참 만에 찾는 애인을 맞는 듯 양손을 들고 우리를 맞고 있었다. 우리가 아름다운 파리 시내에 도착한 것을 파리의 명물 3색이 소리 없이 알렸다.

페리페릭 순환도로에서 파리 시내로 들어가는 길은 여러 길이 있다. 어느 곳 출입구를 사용해서 들어가고 나가야 하는지는 목적지에 따라 달라질 것이지만 나는 전에 공항에서 파리 시내로 들어 갈 때면 주로 마이요역Porte de Maillot 출구를 사용해서 페리페릭을 빠져 시내로 들어갔다. 그러면 처음으로 보는 것은 웅장한 개선문L'Arc de Triomphe이었다. 눈앞에 나타난 개선문을 쳐다보면서 나는 내가 곧 파리에 온 것을 확인했고 그리고 나서 조심스럽게 수많은 차들이 엉겨

에펠탑과 미라보 다리

서 돌아가는 복잡한 개선문 광장Place de l'Étoile으로 차를 몰고 들어갔
다. 개선문 광장은 모두 12개의 큰 길이 시작하는 중심에 있고 차가
그곳으로 들어가면 누구나 정신이 펄쩍 들어 복잡한 파리 시내에 도
착한 것을 실감나게 했다. 나는 파리를 떠난 후에도 여러 번 파리를
이런저런 일로 방문했었다.

숙소로 가는 우리 차는 조금 더 달려서 16구에 있는 아파트에 도착했다. 우리가 두 주 반을 머물 곳이다. 센 강변의 절경 가운데 한 곳을 보고 마음이 들뜬 우리는 아파트에 짐을 풀고 바로 앞에 있는 한식당에서 늦은 저녁을 마중 나온 친구들과 함께 먹었다. 그리고 일찍 숙소로 돌아왔다. 내일은 일찍 일어나 우선 개선문 광장을 찾아보고 샹젤리제Champs-elyzees 거리를 걸어 보아야겠다고 생각을 가다듬는 사이에 나는 깊은 잠 속으로 빠졌다.

미라보 다리는 1893년 시작해서 1896년에 완공된 프랑스 최초의 철제 다리로 전장이 173m, 폭이 20m에 이르는 역사적 다리이다. 미라보 다리는 기욤 아폴리네르라는 천재 작가의 시로 더욱 유명해졌고, 그 위에 유명 샹송으로 온 세상에 대표적인 〈연인들의 다리〉로 널리 알려진 파리의 다리가 되었다.

20세기 초 프랑스의 초현실주의 작가, 시인이던 기욤 아폴리네르 Guillaume Apollinaire가 1912년 발표한 〈미라보 다리〉라는 유명한 시가 있다. 1차 세계대전 참전 후 부상 후유증으로 38세에 요절했던 천재 작가의 시는 우리의 귀에도 익은 〈미라보 다리〉라는 샹송의 가사가 되었다. 이 시는 줄리엣 그레코Julliette Grecco, 미셸 아르노Michelle Arnaud, 레오 페레Leo Ferre 등 유명 가수들이 샹송으로 불러 엄청난 사랑을 받았다. 시인은 미라보 다리 위에서 사랑을 나누던 연인이 떠나고 홀로 남아서 옛 추억을 기억하며 이 아름다운 시를 지었고, 유

미라보 다리

명 샹송 가수들이 부른 감미로운 선율을 타고 전 세계에 널리 알려
졌다. 아래는 샹송의 가사가 된 시이다.

〈미라보 다리Le Pont de Mirabeau〉

미라보 다리 아래로 센강은 흐르고
우리의 사랑도 흐르네
나는 늘 아픔 뒤에 오는 그 기쁨을 기억하네.

밤이 지고 종소리 울리고

동으로 만든 축소판 〈자유의 여신상〉

세월은 흘러가는데 나는 이곳에 머무네.

손에 손을 얼굴과 얼굴을 마주 보자

우리의 팔이 만든 다리 아래로

서로의 영원한 눈길로 지친 물결이 흐르는 동안

밤이 지고 종소리 울리고

세월은 흘러가는데 나는 이곳에 머무네.

사랑은 흐르는 강물처럼 가버리네
사랑은 가버리네
인생이 이렇게 느리듯이
그리고 희망이 이렇게 강렬하듯이
밤이 지고 종소리 울리고
세월은 흘러가는데 나는 이곳에 머무네.

날들이 가고 세월이 지나는데
가버린 시간도
사랑도 돌아오지 않고
미라보 다리 아래로 센강은 흐르네
밤이 지고 종소리 울리고
세월은 흘러가는데 나는 이곳에 머무네.

동으로 만든 축소판 〈자유의 여신상〉이 센 강변에 있는 작은 섬인 백조의 섬Ile aux Cygnes 위에 서 있다. 프랑스가 미국에 기증해서 지금은 뉴욕의 명물이 된 〈자유의 여신상〉을 미국에 살던 프랑스인들이 조국을 생각하며 축소판을 만들어 파리 시에 기증했던 동상이다. 지금은 센강을 가로지르는 많은 다리 가운데 그르넬 다리 곁에 이 축소판 여신상이 어제나 오늘이나 유유히 흐르는 강물 위로 횃불을 날리고 있다.

2

파리에서 아침 식사를

에펠탑의 야경

파리지엥Parisiens의 아침 식사

우리가 묵고 있는 아파트 방에서 좀 멀기는 하지만 뾰족이 솟은 에펠탑의 일부가 보였다. 사진으로만 보던 파리의 상징이 매일 아침 우리의 눈앞에 어른거리게 되었다. 많은 기대로 잠을 자는 둥 마는 둥, 다음날 아침 우리는 깜깜한 새벽부터 일어나 날이 새길 기다렸다.

아파트에서 멀지 않은 곳에 프랑스 내무성 소속의 한 건물이 있고, 그 앞에 작은 카페가 있었다. 내무성에서 일하는 많은 사람들이 아침 커피를 마시고 점심을 먹는 곳일 듯해서 우리는 우선 안심하고 들어가 아침 커피와 음식을 주문했다. 우리는 이곳 사람들이 즐겨 먹는 아침 음식을 주문했다. 메뉴는 아침 일찍 갓 구어낸 바게트 Baguette 빵으로 만든 타르틴Tartine과 크루아상 빵Croissant 그리고 음료수는 금방 짜낸 커피French Espresso와 오렌지 주스와 밀크 티The au lait 등이었다. 우리는 각자 취향에 따라서 커피와 차, 오렌지 주스도 마시며 아침 식사를 했다. 모두들 대만족이었다. 이렇게 맛있는 빵이 또 있을까? 빵과 함께 마시는 진한 프랑스 에스프레소의 독한 향기가 식욕을 자극해서 우리는 아침 식사를 평소보다 더 많이 먹었다.

이날부터 우리는 아침 식사의 메뉴를 거의 바꾸지 않고 바게트 빵과 크루아상 그리고 크레프 등 지극히 일상적인 프랑스인들의 식단을 계속 즐겨 먹었다. 타르틴과 함께 마시는 아침 커피는 정말 정신이 펄쩍 날 만큼 맛이 짙었고 독특했다. 우리의 아침 식사 가운데 평소보다 채소가 부족한 듯해서 물과 바나나와 제철 과일을 조금 아파트에 사두고 아침 집을 나오기 전에 조금 집어 먹은 후에 카페에 들러서 아침을 먹고 하루를 시작했다.

아침 메뉴

바게트 빵: 야구 방망이처럼 길게 구운 프랑스식 식빵. 프랑스 사람들은 이 빵이 없으면 밥을 못 먹을 만큼 주식 가운데 주식으로, 고운 밀가루로 반죽을 해서 불에 구운 길쭉한 프랑스 빵이다. 토막으로 자르기도 길이로 잘라서 먹기도, 구워 먹기도 하는 이 빵은 치즈와 버터를 곁들여 먹는 프랑스인의 주식이다. 타르틴은 이 바게트 빵을 길게 잘라서 먹기 좋게 만든 빵 조각이다.

크루아송 빵: 프랑스와 오스트리아의 대표적인 빵. 버터와 밀가루를 반반씩 섞어 구운 고소한 빵으로 오래 전 오스만 터키의 침략에 맞서 싸운 오스트리아와 프랑스 등 유럽 사람들이 초승달(터키의 국기) 모양의 이 빵을 씹어 먹으며 적개심을 달랬다는 전설(?)을 간직한 빵이다.

에스프레소 커피Espresso : 프랑스와 이태리 등 라틴 민족이 즐겨
마시는 진한 증류 커피다.

자주 아침을 먹던 카페

에펠탑Tour d' Eiffel '아름다운 철의 여인'

만족스런 아침 음식으로 몸이 가벼워진 우리는 골목을 나와서 지하철 밑 차도를 건너서 한 2백여 미터를 걸었을까 갑자기 우리 앞에 크고 날렵한 에펠탑이 눈부신 동녘 하늘을 배경으로 나타났다. 가까이 보는 에펠탑은 정말 입에서 감탄이 나올 만큼 잘 생겼다. 높고 아름다운 미인이 한껏 몸매를 뽐내는 듯했다. 에펠탑은 프랑스가 자랑하는 미와 균형의 완벽한 철제 건축물이다. 그래서 프랑스 사람들은 에펠탑을 철로 만든 귀부인La Dame de fer이라고 부른다. 1889년 파리에서 개최된 세계박람회장 입구에 세운 뒤부터 프랑스의 명물이 된 탑이다. 당시 프랑스의 철강 왕이었던 구스타브 에펠Gustave Eiffel이 세계 최고의 기술과 재료를 사용해서 지은 320m 높이의 탑이다. 1년에 무려 7백만 명이 넘는 관람객이 이 탑을 보려고 세계 각처에서 몰려들고 있다.

에펠탑은 연병장Champ de Mars이라는 큰 광장 입구에 있었고 광장을 가로질러 동쪽은 프랑스의 군사박물관예전에는 육군사관학교. 나폴레옹도 1784년 이곳에서 1년을 수료했음이 크게 자리 잡고 있고, 반대편 서쪽에는 센강을 넘어서 샤요궁Palais de Chaillot이라는 희고 아름다운 대리석 건물이 버티고 서있다. 샤요궁은 높은 에펠탑과 군사박물관을 감싸

는 듯 크고 흰 두 건축물을 팔처럼 펴고 서있다. 그 사이에 여름에
는 시원스럽게 물을 뿜어내는 트로카데로 광장Place de Trocaderro이 있
다. 한여름, 날이 몹시 더운 저녁이면 이곳 16구, 8구 시민들이 아이
들을 데리고 나와서 아이들을 자유롭게 풀어 놓고는 높이 치솟다 떨
어지는 물줄기를 아이들에게 맞히며 놀게 하는 곳이다.

우리는 한참을 걸었다. 에펠탑과 그 뒤에 있는 넓은 광장Champ de
Mars 풀밭을 지나 군사박물관 쪽으로 가다가 가까운 지하철Metro 역
을 찾았다. 우리는 일주일 분 지하철 표를 샀다. 지하철 표는 지하철
은 물론 시내버스 혹은 가까운 근교로 나가는 철도를 탈 때도 다 통
용되는 일주일 동안은 무제한으로 사용할 수 있는 지하철 표였다.

트로카데로 광장

파리 메트로 Metro de Paris

흔히 파리 지하철이라고 부르는 메트로는 1900년에 1호선 공사를 시작한 이래 지금은 16개 노선으로 확장되어 파리 시 전역을 어디든지 갈 수 있는 편리한 대중교통 수단이다. 시설이 좀 오래된 까닭에 시끄럽기는 하지만 이곳 서민들이 편리하게 이용하는 교통수단으로 요금도 매우 낮아서 많은 사람들이 복잡한 도심을 피해서 지하에서 신문이나 잡지를 읽으며 목적지로 오가는 교통수단이 되었다. 지하철 표는 당일에만 사용하는 일회용부터 일주일 혹은 한 달이나 일 년 동안 사용할 수 있는 다양한 표를 매표소나 지하철 입구에 있는 전철 표 기계에서 살 수 있다.

프랑스의 영광, 개선문과 콩코드 광장

Arc de Triomphe et Place de Concorde

우리는 개선문 역에서 지하철을 내렸다. 지상으로 오르자 육중한 개선문이 바로 눈앞에 나타났다. 떠오르는 햇살을 눈부시게 반사하는 개선문은 전쟁터에서 막 개선한 장군처럼 넓은 광장의 한 가운데서 사방팔방으로 뻗은 대로와 파리의 도심을 둘러보며 우뚝 서 있었다. 파리 시의 중앙 대 광장인 개선문 광장과 개선문을 시작으로 콩코드 광장에 이르는 넓은 길이 샹젤리제 대로Boulevard de Champs-Elyzees 이다. 국경일이나 외국 원수들이 방문할 때면 개선문 아래에 묻힌 무명용사의 무덤에 헌화를 시작으로 콩코드 광장까지 화려한 군사 퍼레이드가 벌어지는 출발점이고 프랑스의 영광을 세계에 드러내는 곳이다. 파리 시의 명실 상부하는 심장부이고 모든 대로가 시작하는 출발점이기도 하다.

파리 시 북부에 있는 약간 높은 언덕지대Chaillot Hill에 조성한 개선문은 프랑스 사람들의 가슴에 영원한 '큰 별'로 남아 있는 나폴레옹이 자신이 거둔 여러 승리를 기리기 위해서 1806년 건축을 명령했다. 그러나 자신은 완성된 개선문을 보지도 못하고 완공 전에 엘바섬에 갇히는 신세가 되었다. 무려 30년을 끈 건축 공사는 나폴레

개선문

옹 이후 왕정이 바뀌면서 그 사이 중단과 재개를 거듭하다가 1836년
에 완공되었다. 광장의 중심에 있는 개선문Arc de Triomphe을 중심으로
시내 각처로 12개의 큰 도로가 방사선으로 뻗어 있어서 나라 안팎의
모든 행사가 이곳에 집중되고 있다.

　개선문은 당시 건축계를 대표했던 샬그랭Jean Francoise Therene Chal-
grin이 처음 설계를 했고 그 후 여러 건축가들이 개축과 단장을 해서
완공한 웅장하면서도 아름다운 석조 건물이다. 1920년 1차 세계대

전을 승리로 끝낸 프랑스가 전쟁에서 죽은 무명용사의 무덤을 이곳 지하에 추가했다. 그래서 외국 귀빈이 오면 이곳에서 헌화를 하고, 프랑스 국경일에는 이곳에 대형 깃발을 날리며 식을 거행한 뒤에 화려한 프랑스 의장대 행렬이 샹젤리제 대로를 따라 진행하는 시발점이 되었다.

우리는 개선문 광장을 한 바퀴 돌고 나서 샹젤리제 거리를 조금 내려가다가 푸케Café du Fouquet라는 카페를 찾아서 잠시 쉴 겸 자리를 잡고 앉았다. 이 카페는 개선문과 샹젤리제를 찾는 사람들이 한 번씩은 찾아서 차나 식사를 하며 파리의 번잡한 모습을 편하게 감상하기에 딱 알맞은 곳이다. 우리도 전부터 이곳을 자주 찾았던 터라 익숙하게 개선문과 샹젤리제 거리가 잘 보이는 곳에 자리를 잡고 음료수를 주문했다.

샹젤리제 대로는 또 기라성 같은 프랑스의 대표적 기업들이 도로변에 번듯하게 자리를 잡고 위세를 자랑하는 곳이다. 자동차 회사와 항공사 건물 그리고 여자들 가방으로 온 세계 여인들의 마음을 사로잡는 루이비통Louis Vutton 본점이 이곳에 있다. 우리는 천천히 양쪽 대로 변에 있는 내로라하는 회사들의 건물을 보면서 그랑 팔레와 프티 팔레Grand Palais, Petit Palais가 있는 곳까지 내려갔다.

아침 일찍부터 서둘렀던 탓일까, 우리는 아직 정오가 안 되었는데도 점심 생각이 났다. 마침 길가에 있는 식당을 예약 없이 불쑥 찾아 들었다. 이름은 파비용 델리제Pavillon d'Elysee라는 유명 식당이었

콩코드 광장 오벨리스크탑Luxor Obelisk

다. 가까이에 프랑스 대통령이 집무하는 엘리제궁이 있고 유명 회사들이 즐비한 곳이라 보통은 예약을 해야만 갈 수 있는 곳이지만, 좀 이른 탓인지 자리가 있다고 했다. 우리는 오리 고기와 생선 등 이것저것 골고루 시켜서 서로 나누어 먹었다. 우리는 모처럼 맛있는 프랑스 정통 음식을 여행객으로 아무 형식도 없이 편히 먹었다.

우리는 다시 샹젤리제 대로를 타고 내려가 넓은 콩코드 광장으로 갔다. 나폴레옹 군대가 이집트에 진군했을 때 전리품으로 가져온 23m의 하얀 키다리 오벨리스크탑Luxor Obelisk이 금빛 상형문자를 번쩍거리며 서 있고, 큰 광장 양쪽으로 대형 분수대가 화려한 조각상을 두르고 동서 두 곳에 자리를 잡고 있었다. 1755년 루이 15세의 명령으로 조성된 콩코드 광장은 근세 프랑스 역사의 한 축을 담당하며 오늘도 주변의 늘어선 왕궁들과 박물관 건물 등에 쌓여서 숨을 펄떡거리며 수많은 차와 방문객들을 맞이하고 있다. 1793년 1월 21일에는 이곳에서 "내가 법이다"라고 절대 권력을 휘둘렀던 루이 16세 왕이 화려와 사치의 대명사였던 부인 마리 앙투아네트Marie Antoinette의 뒤를 이어 유명한 기요틴 틀에서 사형을 당했던 곳이다. 프랑스 왕정의 붕궤와 시민혁명의 상징이기도 한 곳이다.

마들렌 성당 L'Eglise de la Madelaine 과
파리의 유명 제과점 포숑 Fauchon

우리는 콩코드 광장을 빠져 나와서 루아얄 거리 Rue de Royale 를 지
나 또 하나의 파리 명물인 마들렌 성당까지 갔다. 1806년 나폴레옹
군대의 찬란한 영광을 기리기 위해서 건축을 시작했지만, 도중에 중
단되었다가 1842년 우여곡절 끝에 현재의 성당으로 완공한 육중한
석조 건물이다. 파리 시내에는 수많은 옛 건축물이 있다. 그러나 이
가운데 몇 년 동안 공사를 해서 완공한 건축물은 하나도 없고 적어
도 시작해서 몇십 년 혹은 백 년이 훨씬 지나서 완공했던 석조 건축
물들이다. 돌을 다듬어서 지었다는 특징도 한 몫을 했겠지만 건축하
는 사람들이 당대에는 완공할 수 없지만 나라에서 작정했던 중요 건
축물은 완성시기를 당기지 않고 오직 후세에 남길 만한 건물을 짓는
다는 어떤 의식이 없이는 어려운 일이다.

우리는 마들렌 성당을 한 바퀴 돌고 나서 길가에 있는 세계적인
제과점인 포숑 Fauchon 가게에 들러서 유명한 마롱 글라세 Marron Glacee
와 에클레르 Eclaire 를 사서 위층에 올라가 차를 시켜서 함께 먹었다.
값이 좀 비싸기는 하지만 우리는 프랑스 사람들이 창출한 세계적인

입맛을 도저히 그냥 지나칠 수가 없었다.

그 가운데 하나가 마롱 글라세marron glace라는 파리의 명물 밤 과자이다

마롱 글라세는 우리가 먹는 밤을 잘 익혀서 설탕에 절여서 만든 프랑스의 명물 가공 식품의 하나이다. 밤은 미국이나 영국 등 나라에서는 잘 먹지 않지만 프랑스와 이태리 사람들은 일찍부터 밤맛을 알았고 지금도 겨울철이 되면 파리 시내에 군밤 장수가 거리에 나타나 숯불에 구운 밤을 팔고 있다. 마롱 글라세는 주로 중부 리용Lyon 지역에서 16세기부터 설탕에 절여서 만들어 낸 얼음처럼 표면이 반들거리는 특별한 밤 과자로 당시에는 왕실과 귀족들이 찾는 고급 과자였다. 지금도 이 밤 과자는 20여 개의 전통적인 가공 단계를 거쳐서 생산되고 있고, 파리의 포숑 식품점은 정통 고급 마롱 글라세를 맛볼 수 있는 곳으로 유명하다.

마롱 글라세

3

프랑스의 자랑, 노트르담 사원

- 오페라 극장L'Academie de L'Opera
- 방돔 광장Place de Vendome
- 노트르담 사원Notre Dame de Paris 산책

오늘도 새벽부터 일어나 7시 30분경 아침 식사를 하기 위해서 내무성 앞 카페로 갔다. 오랜만에 먹는 프랑스식 아침 식사가 정말 맛이 있었다. 아직도 시차 조정이 되지 않는 우리는 프랑스의 진한 커피 몇 모금으로 다시 정신을 차리고 9시경 오늘의 행선지를 찾아 나섰다.

오페라 극장Academie de L'Opera

우리는 바로 옆에 있는 역에서 지하철 4호선을 타고 오페라 역
Place de l'Opera으로 갔다. 우리가 땅 밑에서 지상으로 나오자 오페라
극장의 황금 돔이 아침 햇살을 받아 눈이 부시도록 찬란한 빛을 뿜
어내고 있었다. 웅장하게 지은 극장은 아름다운 돔을 중심으로 온통
황금으로 치장을 하고 있었다. (이렇게 금을 아낌없이 건물 치장으로 쓰니까 금
값이 청정 부지로 오르지) 속으로 엉뚱한 생각이 솟기는 했지만, 참 아름
다운 건물 그리고 화려하게 단장을 한 오페라 극장의 왕자 같은 모
습이 여유롭게 눈 안으로 들어왔다.

파리 오페라 극장은 1669년 루이 14세가 오페라 아카데미Acad-
emie d'Opera를 이곳에 설
치하면서 창립되었다.
총 2,700석을 가진, 당
시로는 엄청나게 큰 이
극장은 오늘까지 연간 2
억 유로를 예산으로 쓰
면서 각종 음악회와 연
극 등 한 해에 대략 380
회의 공연을 한다. 산하

오페라하우스 앞에서

마크 샤갈(Marc Chagall)의 오페라(Opera) 천장 그림

에 큰 오케스트라 밴드와 전속 배우진과 그 밖에 큰 부대시설을 함께 운용하고 있다. 예술 공연이 그렇듯이 자체적으로 수입과 지출을 유지하지 못하는 이 극장은 국고에서 약 1억 유로를 매년 지원받아 살림을 꾸려가고 있다. 오페라 극장을 한 바퀴 천천히 돌고 나서 우리는 입장료를 내고 실내로 들어갔다. 꼭 보고 싶은 그림이 그 중앙에 있었다.

당대의 최고 화가 마크 샤갈Marc Chagall이 필생의 힘을 다해 극장 중앙 천장에 그린 작품으로 보통 〈마크 샤갈의 천장 그림〉이라고 부르는 걸작 명화이다.

드골 대통령 밑에서 문화상을 맡았던 앙드레 말로Andre Malraux의 추천을 받아 1960년에 시작한 돔 그림은 4년 동안 샤갈이 온 힘을 다해 그린 걸작이다. 그의 시대보다 무려 4백60년 전에 레오나르도 다 빈치Leonardo da Vinci라는 한 천재화가가 밀라노에 있는 한 성당 수도원 식당에 그린 〈최후의 만찬〉 그림을 무려 4년 동안1495-1498년 계속한 끝에 후세에 영원한 예술의 걸작 하나를 남겼던 것과 같이, 샤갈 역시 세계적인 오페라 극장의 둥근 천장에 지금까지 공연된 걸작 오페라의 주인공을 강렬한 색채의 그림을 통해서 구현하려는 꿈을 가지고 그림을 그렸다. 샤갈 역시 이 그림을 위해서 무려 4년 동안을 전념한 끝에 필생의 걸작을 남기고 갔다. 파리 오페라 극장이 역사에 두고두고 자랑할 또 하나의 시청각 볼거리가 되었던 것이다.

샤갈은 1887년 현재의 벨라루스에서 태어나 1922년 프랑스에 귀화했던 유대인 화가였다. 앙드레 말로 문화상의 결정에 많은 사람들이 반대했지만 결과는 한 걸작이 태어났던 것이다. 사람은 시간이 되면 가지만 그들의 영혼이 혼신을 다했던 명화들은 오늘도 살아서 밀라노와 파리로 많은 세계인을 부르는 생명을 이 땅에 남겼다.

1960년 파리의 오페라하우스L'Academie de L'Opera라는 명물 극장을 보수하면서 당시 프랑스의 문화상이던 앙드레 말로Andre Malraux는 주변의 만류에도 불구하고 프랑스에 귀화했던 러시아 화가인 마크 샤갈에게 극장 내부 천장에 그림을 그려줄 것을 요청했다. 샤갈은 이미 77세의 고령으로 그가 역사에 남을 명화를 천장에 그릴 수 있을까 걱정하는 소리가 컸지만 말로 문화상은 그에게 큰일을 맡겼던 것이다.

마크 샤갈은 그때부터 파리의 명물 오페라 천장에 그림을 그리기로 결심하고 여러 장소에서 14개 달하는 프레스코 패널과 중앙의 원형 패널을 준비한 끝에 1964년 1월에 천장 설치 작업을 시작해서 그해 9월에 완성했다. 총 2천4백 평방피트에 달하는 화려한 총 천연색 프레스코 벽화는 이 극장에서 공연되었던 여러 작곡자들의 대표적 작품을 연상하며 그의 장기였던 강렬한 색감을 통해서 작가들의 대표적 작품과 주인공들을 시각적으로 전달하려고 했다. 샤갈이 천장 그림에서 표현하려고 했던 유명 작곡가에는 비제Bizet, 베르디Verdi,

베토벤Beethoven, 글루크Gluck, 무소륵스키Mussorgsky, 모차르트 Mozart, 바그너Wagner, 베를리오즈Berlioz, 라모Rameau, 드뷔시Debussy, 라벨 Ravel, 스트라빈스키Stravinsky, 차이콥스키Tchaikovsky와 아담Adam 등 별 처럼 빛나는 유명 작곡가 들이었다.

그는 정부에서 주려는 천장 그림의 엄청난 대가를 거절하고 단지 물감 등 소재 비용만 청구해서 또한 화제가 되기도 했다.

방돔 광장Place de Vendome과
청동 탑Vendome Columns

우리는 오페라하우스를 떠나 오페라 대로L'avenue de l'Opera를 따라 서 루브르박물관 쪽으로 내려가다가 오른 쪽으로 보이는 거대한 탑, 청동 녹이 파랗게 오른 탑이 한 가운데 버티고 서 있는 방돔광장Place de Vendome으로 갔다. 방돔탑Vendome columns은 나폴레옹이 대승을 거 둔 여러 전투를 기념하기 위해서 전쟁에서 뺏어온 대포 133개를 녹 여서 평화를 상징하는 탑을 만들고 1712년 루이14세 왕이 조성했다 는 이 방돔 광장에 세웠다. 그 이후 나폴레옹의 몰락과 정세 변화를 거치면서 여러 곡절을 겪었으나 지금의 광장에 탑이 서 있게 되었다고 한다. 프랑스 사람들은 이 청동 탑의 정상에 그들이 사랑했던 나폴레옹을 기념하는 그의 동상을 올려놓았다. 그러나 전쟁보다는 평화를 상징하는 의미로 나폴레옹의 동상은 군복 대신 평복의 나폴레옹 모습을 만들어 세웠다.

우리는 서쪽으로 튈르리 공원Jardin de Tuilerie과 동쪽으로는 거대한 왕궁 모습의 루브르박물관Musee de Louvre을 보면서 조금 걸어서 센 강변에 도착했다. 파리에서 루브르박물관은 반드시 보아

보수 중인 노틀담 사원의 후면 모습

야 할 곳이지만 평소에는 많은 사람들이 찾는 바람에 박물관을 조용히 보기가 어렵다. 그래서 우리는 혹 비가 오든지 또는 다른 일정이 어렵게 되면 이곳을 찾아 와서 몇 곳만이라도 보자고 결정하고 다른 행선지로 발길을 옮겼다.

우리는 강변을 따라 조금 걷다가 조그만 다리를 보았다. 차가 다

니지 않는 인도로 사람들이 강을 건너 강 좌안Rive Gauche 으로, 혹은 좌안에서 우안Rive Droite 으로 넘어가는 다리였다. 우리는 이 다리를 건너 센강 좌안으로 넘어 가기로 했다. 다리의 이름은 예술의 다리 Pont des Arts 라고 했다. 루브르박물관의 다른 이름이 예술 박물관Musee des Arts 이었고 이곳 박물관을 좌안과 연결하는 다리라는 뜻에서 '예술의 다리'라는 이름을 붙였다고 한다. 우리는 이 다리를 걸으면서 멀리 보이는 노트르담Notre Dame 사원의 아름답고 우아한 전경을 보면서 사진도 찍고 벤치에 앉아서 다리 밑으로 흐르는 센강을 내려다보며 숨을 돌리기도 했다.

센강 좌안을 따라서 걷는 우리에게 파리의 명물 노트르담 사원이 온 세상의 귀부인을 대신하듯 의젓이 변치 않는 절색을 자랑하고 있었다. 세계 각처에서 몰려온 행복한 방문객들에게 웃고 서있는 모습이 늦은 아침 햇살에 눈이 부시도록 아름다웠다.

노트르담 사원Notre Dame de Paris

우리는 바로 눈앞에 있는 아름다운 다리 하나를 보았다. 이름은 퐁네프Pont Neuf 라고 했다. '퐁네프'는 직역하면 '새로 만든 다리'라는

노트르담 사원

퐁네프 다리

뜻이지만, 이 다리는 1577년 앙리 3세가 시작해서 1607년 앙리 4세 때 완공된 파리에서 오래된 석조 교량 중의 하나이다. 다리 중간 지점에 **파리섬**Iles de Paris. 센강이 갈라져서 이룬 삼각지 섬을 중세 때부터 파리 섬이라고 불렀고, 현재도 중요한 관공서가 밀집해 있는 곳이 끝나고 센강이 다시 하나의 강으로 합치는 지점에 있는 다리였다. 우리는 퐁네프 다리까지 걸어가서 그곳에서 인류가 만든 가장 아름다운 사원의 하나인 노트르담 사원의 전경을 배경과 함께 오래 보고 또 보았다.

노트르담 사원Notre Dame de Paris, Cathedrale de Notre Dame은 프랑스가 자랑하는 가장 대표적인 고딕식 성당이다. 건물 높이와 넓이가 69m가 되고 후원 뜰과 부속 건물, 그리고 90m가 넘는 첨탑과 그 밑에 있는 육중한 종탑들, 또 성당 외벽을 보호하기 위해서 밖으로 세운 돌 기둥과 상층 벽을 보호하기 위해서 만든 각종 짐승 모양의 석제 낙수통 등은 가위 세계적 걸작들이다. 사람이 돌로 만들 수 있는 가장 오래되고 아름다운 석조 건물과 장식이 아닐까 경탄을 자아내게 했다.

노트르담 사원은 1163년 술리Sully 당시의 파리 대주교가 시작을 해서 1345년 많은 변경과 여러 장인들의 놀라운 손을 거쳐서 거의 200년 만에 완공했다. 안으로 들어가면 높은 천장과 벽에 세운 수많은 채색 유리창Stained Glass이 만든 여러 걸작 그림으로 역사를 전하고 있다. 관광객들이 밀려드는 데도 불구하고 지금도 주일이 되면 한쪽에서 주민들이 모여서 미사를 드린다.

우리는 노트르담 사원을 떠나 다시 오페라 쪽으로 돌아와서 유명한 '평화의 카페Café de la paix'에서 늦은 점심을 먹기로 했다. 카페가 늘 그렇듯이 사람들로 만원이었다. 빈자리를 찾으며 멈칫거리는 우

46

리를 보고 카페 종업원이 우리를 길 쪽이 아닌 카페 안으로 안내했다. 바로 인접해서 있는 그랜드 호텔 로비였다. 음식이 입에 맞아 맛있게 늦은 점심 식사를 하고 차를 마셨다. 우리는 오후 6시에 있을 친구 딸의 결혼식에 참석하기 위해서 아파트로 일찍 돌아왔다.

파리의 대학로를 거닐며

- 카르티에 라탱Quartier Latin가
- 소르본 대학Sorbonne
- 카페 되 마고Les Deux Magots
- 파리 시청Hotel de ville de Paris
- 파리 한인 연합교회 산책

오늘은 주일, 우리는 여행 중에 첫 주일을 파리에서 맞았다. 현지 한국 식당에서 얻은 광고를 보고 파리 4구Arrondissment에 있는 한인 연합교회를 찾아서 예배를 드리기로 했다. 교회는 1구에 있는 파리 시청 부근에서 가까운 곳에 있었다. 예배 시간은 오후 2시 30분.

센강 좌안Rive Gauche에 위치한 학생들의 거리인 카르티에 라탱가를 지나서 파리 시청으로 내려가면 그곳에서 멀지 않은 곳에 교회가 있었다.

　프랑스 사람들은 파리 시내에 있는 어떤 장소를 말할 때, 꼭 그곳이 몇 구Arrondissment에 있는지를 말해 주어서 그곳의 대략적인 위치와 특징을 간접화법으로 먼저 알려준다. 예를 들어 우리가 투숙하고 있는 아파트는 파리 16구이다. 이 지역은 파리 시내에서 살기 좋은 주택 지역으로 학군이나 교통이 편한 데다가 안전한 지역으로 파리 시민들이 선호하는 곳이다. 파리 1구는 노트르담 사원이 있는 파리 섬의 중심부로 중세 때부터 행정 중심지로, 그리고 권력자들이 모여 살던 곳으로 유명하다. 파리 시는 총 20개의 구역으로 구성되었고, 센강 우안Rive Droite에서 적은 숫자로 시작해서 좌안Rive gauche으로 가면서 구역 번호가 커진다. 어떤 사람이 어느 구에 산다는 말은 예부터 자신의 신분이나 소속을 은연중에 상대방에게 알려 주는 것이나 다름이 없다.

되 마고 카페Les Deux Magots

잠을 충분히 자고 난 우리는 9시경 아파트를 나와서 생 제르맹
데 프레Saint Germain des pres에 있는 '되 마고' 카페를 찾았다. 실존주
의 철학가이며 전후 프랑스 지성을 대표하는 작가 사르트르Jean Paul
Sartre와 초현실주의 작가였던 시몬 드 보부아르 부인Simone de Beauvoir
이 만나서 문학을 토론하고 사랑을 나누던 장소로 유명한 카페였다.
미국의 작가 헤밍웨이나 젊은 시절의 프랑스 작가 알베르 카뮈Albert
Camus, 화가 피카소Picasso 등 많은 예술인이 즐겨 드나들었던 예술인
들의 카페였다. 우리는 지하철로 부근 역에 도착해서 되 마고 카페
에 자리를 잡고 아침 식사와 커피를 마시며 학생가Quartier latin의 조
용한 아침 분위기를 즐겼다.

중세 건물을 포함해서 중후한 석조 건물이 밀집해 있는 카르티에
라탱Quartier Latin가는 프랑스의 대표적인 대학인 소르본 대학을 중심
으로 학생과 지식층을 대변하는 파리 시의 명소이다. '되 마고' 카페
는 소르본 대학 본부에서 바로 가까운 곳에 있어서 학교, 학생, 교수
들이 풍기는 라탱Latin가의 정취가 깊게 배인 곳이다. 그 위에 유명
프랑스 문인들과 화가들이 드나들었던 음식점이라는 이유로 파리
시 〈생 제르맹 데 프레〉Saint-Germain-des - Pres 지역에 있는 소문난 카페
이다.

되 마고 카페

카페에서 음료를
마시는 일행

'되 마고'라는 이름은 카페 이전에 부근에서 중국의 비단이나 비단 속옷을 팔던 가게 이름으로 1800년대 유행했던 연극 제목인 〈Les Deux Magots de la Chine〉에서 따온 이름이었다. 그 후 1884년에 가게를 현재의 위치로 옮겼고 옷 가게 대신 카페로 바꾸었다고 했다. 지금도 카페 안에 오래된 두 개의 중국 남자 인형Magot이 있다.

센강은 파리 시 중심을 가로질러 흐르는 긴 강이다. 일찍부터 공직자들과 부유 상공인들이 살았던 센강 오른쪽 지역우안 사람들을 우파, 반대로 센강 왼쪽 지역좌안인 이곳에 집중적으로 살며 사회주의적 경향이 강했던 학생과 지식인을 좌파 사람이라고 불렀던 지난 역사에서, 지금도 우리는 흔히 우파나 좌파라고 사람들의 성향이나 사상을 구분한다. 바로 그 분수령이 센강이고 좌파의 본산이 우리가 아침을 먹은 이곳 라탱가였다.

라탱가에는 중세 교회당을 비롯해서 팡테옹Pantheon 등 볼거리가 많다. 우리가 파리에서 살 때는 주일이면 늘 팡테옹 부근에 있던 교회에서 예배를 드리고, '광명'이라는 중국집에서 국수를 먹던 생각이 났다. 갑자기 내 처는 당시에 소르본 대학서 프랑스어를 배우던 기억이 나서 아침을 끝낸 후에 부근에 있는 소르본 대학을 들어가 보려고 했다. 그러나 입구를 가로막은 경비가 무슨 학생증이나 증빙 서류가 있어야 한다는 바람에 아쉬움을 남긴 채 물러나기도 했다. 프랑스에 사는 외국인은 원하기만 하면 누구든지 대학교나 다른 학교에서 프랑스어 강의를 신청할 수 있고 값도 저렴해서 조금 노력하면 프랑스 말을 쉽게 배울 수 있도록 정부가 적극 장려하고 있다.

우리는 생 미셸St. Michelle 거리를 어슬렁거리며 젊은 사람들이 즐겨 입는 유행의상 혹은 가방 가게 등이 즐비한 거리를 보면서 천천히 뤽상부르 공원Jardin de Luxembourg을 찾아갔다. 휴일을 맞은 많은 시민이 공원 안에 자리를 잡고 있었다. 쾌적한 공원의 상쾌한 공기를 즐기며 사람들이 나와서 걷기도 하고 풀밭에 길게 누워서 일광욕을 하며 주말을 즐기는 평온한 모습 속에 우리도 한참을 푹 빠졌다. 우리도 이들 파리 시민들과 같이 공원 잔디밭과 깨끗한 흙길을 걸으며 바쁜 여행 중 한 때의 휴식을 만끽하며 여가를 즐겼다.

파리 시청 Hotel de Ville de Paris

우리는 걸어서 '생 미셸' 대로를 따라 내려가서 센강을 건넜다. 어제 보았던 노트르담 사원을 다시 정면으로 보면서 조금 더 걸었다. 바로 샤틀레 역Gare de Chatelet이 나왔다. 그 앞에 파리 시청이 거대한 몸집을 드러내고 있었다. 파리 시청은 무려 1357년부터 이곳에 있었다고 한다. 세계에서 가장 오래된 시청 가운데 하나인 셈이다.

파리 시청 야경

1533년 프랑수아 1세가 건축 공사를 새롭게 시작했고, 그 후에 여러 번의 개축과 보수 끝에 오늘날의 거대한 시청 모습이 되었다. 파리 시장은 53,000여 명의 직원을 거느리고 파리 시의 모든 행정을 관리하는 민선 시장으로 프랑스 정계에 막강한 영향력을 행사하는 사람이다. 그가 집무하고 사는 곳이 바로 이 시청이다.

시청을 조금 지나면 라르시브 거리Rue de l'archive가 나오고 그곳에 식당들이 밀집한 곳이 나온다. 마침 점심을 먹을 시간이 되었다. 우리는 여러 식당을 둘러보다가 사람이 제일 많이 들어가 먹는 식당을 골라서 자리를 잡았다. 음식이 좋았다. 나는 소 내장을 다져서 만든 소시지L'andouille를 주문해서 먹었다. 냄새가 좀 나는 듯했지만 오히려 파리에서 먹는 색다른 맛이 있었다. 다른 사람들도 여러 음식을 주문해서 나누어 먹었다. 식후 감이 나쁘지 않았다.

한인 연합 교회와 옛 친구들

식사 후에 우리는 1백여 미터 떨어져 있는 한인 교회를 찾았다. 아주 오래된 성당을 시간제로 빌려서 예배를 드린다고 했다. 우리가 이곳에 살 때 함께 교회 생활을 했던 박광근 장로 부부가 우리를 어느새 알아보고 금방 함박웃음으로 반겨 주었다. 이미 40년이 넘게 지났어도 신실한 우정은 변함없이 서로를 알아보고 재회의 기쁨을 주었다. 예배를 드리고 나서 우리는 아파트로 돌아와 모처럼 일찍 쉬었다.

5

몽마르트 언덕 위의 화가들

- 패션의 거리, '생토노레'길Rue de Faubourg Saint-Honore
- 몽마르트르 사원Montmartre

오늘은 월요일 아침, 우리는 로댕Rodin 박물관과 앵발리드Invalides 라는 상이군인 병원을 방문할 참으로 아침 일찍 지하철을 탔다. 그 부근에서 아침 식사도 할 작정이었다. 우리는 지하철을 내려서 부근에 있는 식당이나 카페를 찾았지만 너무 일찍인지 모두 문이 닫혀 있었다. 그러나 이게 웬일인가? 프랑스에서 월요일은 모든 박물관과 궁전, 혹은 공개 관람 장소가 다 쉬는 날이다. 로댕박물관과 앵발리 드궁이 휴일로 문을 닫았을 뿐만 아니라 부근에 있는 식당이나 카페 도 방문객이 없는 까닭으로 덩달아 문을 닫고 휴무였다.

우리는 좀 떨어진 곳에서 가까스로 빵집Boulangerie 한 곳을 찾아내서 그곳에서 늦은 아침과 커피를 마셨다. 그리고 생각을 바꿔서 그곳에서 멀지 않은 곳에 있는 생토노레 길Rue de Faubourg St. Honore을 걸으면서 길가에 줄지어 서 있는 파리의 유명 패션 디자이너들의 점포를 찾아보자고 했다. 그리고 오후에는 유명한 몽마르트르 사원을 올라가 가난한 화가들을 만나보려고 했다.

'생토노레' 길Rue de Faubourg St-Honore, 파리의 패션가

'생토노레' 길은 파리 시 중심부를 남북으로 비스듬히 지나는 좁은 길이다. 유명 디자이너들의 가게들이 바로 엘리제궁Palais de l'Elysee에서 시작해서 마들렌느Madelaine 대로를 건너서 루브르박물관 부근의 리볼리 길Rue de Rivoli을 만나는 곳까지 이어진다. 엘리제궁 부근에 있는 피에르 카르댕Pierre Cardin 본점을 비롯해서 수많은 유명 디자이너들의 가게가 '생토노레' 길 양쪽으로 줄지어 있다. 세계적인 유명 디자이너 혹은 지망생들이 이 길 위에 있는 한 점포에 이름을 내걸기 위해서 몸살을 앓는 곳이다.

우리는 지하철에서 내려서 엘리제궁까지 걸어갔다. 그리고 대통령 궁인 엘리제궁을 잠시 먼발치로 보고 '생토노레' 길 좌우에 늘어서 있는 가게들을 하나씩 보면서 지나갔다. 길은 많은 사람들로 붐볐다. 모두 외국사람들이었다. 그러나 눈에 익은 거리가 예전에 비해서 좀 빛을 잃은 듯한 느낌?을 받았다. 거리를 메운 사람들의 숫자며 가게 안의 화려함이, 진열된 상품이 엄청난 고가라는 점을 빼고 나면, 예전 같지가 않았다. 시대가 바뀌고 있는 것이다. 이름을 뽐내고 있는 고급 명품점이 세계의 큰 도시에 직접 진출해서 현지 유행을 선도하거나 크게 발전한 미디어를 통해서 세계의 패션이 동시적

엘리제 대통령 궁

으로 곳곳에 전해지는 오늘 날의 세태변화는 이곳이 자랑하던 파리 패션 거리의 중요성을 약화시키고 있는 것이 사실이다.

우리는 생토노레 길을 따라 가게를 보고 들어가서 구경도 하며 걷다가 루브르박물관 입구까지 왔다. 벌써 점심시간이 되었다. 우리가 전에 점심으로 즐겨 먹었던 루브르박물관 근처에 있는 일본 라면집을 찾았다. 일본 사람들이 오래전부터 파리를 방문하는 여행객들을 상대로 간편한 라면집을 내서 크게 성공했고 그 집이 반세기가 지난 지금도 똑같은 곳에서 영업을 계속하고 있었다.

우리는 예전 그 자리에서 여전히 성업 중인 라면집을 찾았다. 그리고 시원한 국물로 목을 축이며 지친 발길을 잠시 쉬었다. 파리는 연중 많은 여행객들이 방문한다. 그 가운데 동양 사람들도 많고 그들이 루브르박물관이나 다른 여러 곳을 구경하다가 잠시 멈추고 라면 국물로 목을 다스리고 쉬기에는 안성맞춤인 곳이다. 파리 시의 아름다움을 보고 앞으로 밀려들 관광객들을 위해서 반세기 전에 이곳에 간편 저가 라면 집을 잽싸게 열었던 일본 사람들의 상술이 돋보이는 곳이다.

몽마르트르Montmartre 사원
그리고 가난한 화가들의 딴 세상

우리는 루브르박물관 지하철 역에서 메트로를 타고 몽마르트르 Montmartre 언덕 정상에 세운 사크레쾨르 사원Sacre-Coeur Basilica과 그 주변 화가들의 장터를 보려고 떠났다. 몽마르트르산은 파리 일원에 서는 제일 높은 지대에 있는 작은 산이다. 이곳에서 보면 파리 시가 전부 내려다보이는 곳이다. 하얀 색깔이 눈부신 몽마르트르 사원은 1875년 폴 아바디Paul Abadie가 처음으로 설계를 했고 그 후 여러 건 축가가 증축과 수정을 해서 1914년 현재의 모습으로 완공되었다.

이 사원의 유래는 프랑스의 근세 역사에 있었던 대혁명이나 시 민운동 등 중요한 사건들 때문에 생긴 심각한 계층 간의 분열을 치 유하기 위해서 지었다고 한다. 당시 프랑스는 왕정이 무너지고 여러 역사적 사건들로 말미암아 왕당파와 시민 단체, 그리고 좌우의 대립 에서 생긴 심각한 사회 분열을 평화적으로 봉합하고 예수 그리스도 의 사랑으로 치유되길 기원하며 지은 사원이라고 했다. 규모가 크고 아름다운 사원일 뿐만 아니라 사원 안에는 많은 역사적인 유물이 보 존되어 있다고 한다.

사원 뒤로 조금 올라가면 많은 무명 예술가주로 화가들들이 모이는

몽마르트르 언덕 정상에 세운 사크레꾀르 사원

조그만 장터가 있다. 각국에서 화가로서 명성을 얻기 위해서 프랑스에 온 무명 화가들이 이곳에 와서 그림을 그리고 또 판다. 시장의 좁은 길에서는 악기를 가지고 음악을 연주하며 샤포La Chapeau! 잔돈을 넣으라고 모자를 내미는 행동를 연발한다. 이들을 구경하러 나온 사람들이 엉겨서 흥겨운 예술 장터가 되는 곳이다. 주변에는 빼곡하게 카페와 작은 음식점이 들어서 있어서 심심할 겨를이 없는 곳이다.

많은 화가들이 세상에 이름을 알리기 전에 이곳에서 그림을 팔아 연명했다. 이름만 들어도 다 아는 살바도르 달리, 아마데오 모딜리아니, 클로드 모네, 피카소, 빈센트 반 고흐 등 화가들이 젊은 시절 이곳에서 가난을 이기고 버틴 덕에 후에 세계적 화가로 자랐던 곳이다.

우리는 이곳에 커피와 찬 음료수를 한 잔씩 시켜놓고 한참 동안 애기꽃을 피우다가, 몽마르트르 언덕 서쪽 산기슭 길을 타고 천천히 내려갔다. 그 언덕 밑에는 유명한 몽마르트르 공동묘지가 있다. 스탕달Stendhal, 에밀 졸라Emile Zola 가족, 에드가 드가Edgar Degas 등 가난하게 죽었던 소설가, 화가, 음악가 등 여럿이 묻혀 있는 곳이다. 우리는 그때나 지금이나 이름이나 명예도 없이, 그렇기 때문에 가난하게 살다가 죽을 수밖에 없는 예술인들 얘기를 남 얘기하듯 하면서 황혼이 물들기 시작하는 클리시 광장Place de Clichy까지 걸어 내려갔다.

몽마르트르 언덕의 가난한 화가들

우리는 그곳에서 오래 전에 맛있게 먹었던 싱싱한 해물 식당을 기억하며 그곳을 두루 찾았지만 다른 가게들만 대신 서 있었다. 우리는 다시 메트로를 타고 아파트 부근으로 돌아왔다.

화가들의 장터 카페에서

그곳에는 한국 맛을 꽤 내는 한국 식당들이 몇 곳 있었다. 우리는 한 곳을 찾아 늦은 저녁을 먹고 숙소로 돌아왔다.

6

지옥문과 생각하는 사람

- 세기의 조각가, 로댕Muse de Rodin 박물관
- 나폴레옹의 무덤
- 앵발리드Invalides 전쟁 박물관

우리는 아침을 내무성 앞에 있는 카페에서 늘 먹던 대로 에스프
레소, 오렌지 주스, 타르틴, 크루아상 등을 시켜놓고 먹었다. 평소에
커피를 잘 마시지 않는 사람도 이곳에서 마시는 에스프레소는 큰 부
담이 없었다. 조그만 잔에 나오는 커피의 양이 워낙 적은 데다가 빵
과 함께 먹다 보니 맛에 홀려 쉽게 넘어갔다.

로댕박물관 Musee de Rodin

우리는 어제 월요일이라서 보지 못했던 로댕박물관과 그 앞에 둥근 황금 천장을 이고 있는 넓고 큰 앵발리드 전쟁기념관Les Invalides을 보기로 했다. 우리는 일찍 호텔을 떠나서 개관 시간 전에 로댕박물관에 도착했다. 그러나 사람들이 입장권을 사기 위해서 벌써 길게 줄을 서서 기다리고 있었다. 우리도 한참을 기다린 끝에 안으로 입장했다.

정문으로 들어서자 오른쪽으로 눈에 익은 〈생각하는 사람〉The Thinker이 높은 받침대 위에 앉아서 누가 오는지도 모르는 듯 깊은 상념에 빠져 있었다. 박물관에 들어 온 사람들은 제일 먼저 눈에 띄는 이 청동상을 쳐다볼 수밖에는 없었다. 턱을 고이고 앉아 있는 근육질의 한 건장한 남자는 뭇사람들이 던지는 따가운 시선을 전혀 아랑곳하지 않고 무슨 생각을 하는지 시선을 땅에

꼽고 말이 없다. 세상에 누가 지금까지 이 청동 남자보다 더 강한 뭇 사람들의 시선을 받았을까? 세상의 주인이 이 땅에 오시는 날을 빼고는 이 〈생각하는 사람〉이 단연 으뜸일 것이다.

〈생각하는 사람〉은 근대 조각의 아버지라고 불리는 로댕Auguste Rodin, 1840~1917이 1880년 처음으로 석고 모델을 만든 후에 여러 번 고쳐서 1902년에 현재와 같이 청동 인물상을 만들었다. 처음에는 〈시인〉이라는 제목을 붙여서 유명한 중세 서사시 〈신곡〉을 지은 작가 단테Dante의 동상으로 지금보다 더 적게 만들었으나, 그 후 크기도 지금과 같이 늘렸고 청년의 건장한 근육질을 더하는 등 오늘의 모습을 갖추었다. 그는 현재의 모습으로 여러 번에 걸쳐서 20여 점의 청동상 원작을 만들었다. 처음에는 〈신곡〉의 주제인 〈지옥문〉의 일부로 만들었던 〈시인〉이라는 작품이 진화해서 〈지옥문〉과는 관계없는 〈생각하는 사람〉이라는 독립적인 조각상으로 변신을 했던 것이다. 〈지옥문〉은 이 청동상 바로 맞은편에 있는 로댕의 또 다른 걸작이다.

청동상인 〈생각하는 사람〉은 이곳뿐만 아니라 세계 여러 곳에 복제 작품이 보급되었으나, 로댕이 직접 만든 작품을 원작이라고 부르고 그의 사후에 복제를 한 작품은 일련의 제작 번호를 부쳐서 세계 여러 곳에 보급되었다.

〈생각하는 사람〉의 첫 모습은 어려운 인생 고뇌를 홀로 지고 깊은 상념에 빠져 있는 듯하지만 청동상을 가까이에서 보면 제목과

는 다르게 근육질이 보통
이 아니다. 근육이 튼튼해
야 생각을 잘하는 사람인
가? 그는 금세라도 자리를
툭툭 털고 일어나서 기지
개를 하고 인생 경기장에
펄쩍 뛰어들 사람처럼 남
성미가 넘쳤다. 오늘날 〈생
각하는 사람〉은 로댕의 대
표작이 되었을 뿐만 아니
라, 세계에서 모르는 사람
이 없는 그리고 가장 사랑
을 받는 근세 조각상이 되
었다.

지옥문

정문 광장을 건너질러서 〈생각하는 사람〉의 맞은편에는 단테의
〈신곡〉에 나오는 지옥문Gate of the Hell이 있다. 성직자를 비롯해서 세
상에서 지은 죄악으로 지옥에 떨어져 고통을 당하는 많은 사람들의
시커먼 지옥 모습을 청동으로 만든 작품이다. 로댕이 자신의 일생을
두고 오랫동안 작업을 했던 대표적 걸작 작품 가운데 하나이다.

우리는 박물관 정문 뜰에서 건물 안으로 들어갔다. 박물관은 18

세기에 건축한 아담한 맨션 건물로 로댕이 후에 구입해서 작업실과 숙소로 사용했던 집이다. 입구로 들어가면 바로 젊은 남녀가 열정적으로 포옹하고 있는 흰 상앗빛의 아름다운 대리석 조각상을 볼 수 있다. 로댕의 3대 걸작 가운데 하나인 〈입맞춤〉The Kiss이라는 작품이다. 당시에는 생각하기 어려운 대담하고 노골적인 사랑의 표현이었다. 그러나 이 작품은 로댕의 예술성을 백 퍼센트 유감없이 드러내었던 아름다운 석상으로 박물관 안을 환하게 밝혀주고 있다.

로댕은 여러 가지 소재로 조각 작품을 만들었다. 석고와 대리석부터 나무, 벽돌, 도자기 등 사람이 사용할 수 있는 모든 것을 가지고 작품을 만들었고 조각 이외에도 그림, 데생, 가구, 장식품 등 여러 장르의 작품에 손을 대었다.

그는 죽기 전 1916년 그의 모든 작품과 그가 구입했던 르누아르, 반 고흐 등 유명 화가들의 작품을 모두 나라에 기증해서 두 군데에 박물관을 만들었다. 하나는 바로 이곳 파리 7구에 있는 〈Musee Rodin〉이고 모두 6천여 점의 조각 작품이 보존되어 있다. 파리 시내에 있기 때문에 많은 관람객들이 연중 방문한다. 다른 하나는 그가 오래 살았던 뫼동Meudon에 있는 그의 옛집을 개조해서 만든 브리앙 빌라Villa des Briants 박물관이다. 그곳에는 그가 그린 미술품과 조각 몇천 점이 전시되고 있다. 또한 해외에도 로댕박물관이 여러 곳에 있다. 그중에 유명한 곳은 미국 필라델피아에 있는 로댕박물관이다. 미국의 한 독지가가 로댕의 많은 작품을 수집해서 박물관을 만들고 그곳에 기증했다.

로댕박물관은 넓은 후원을 가지고 있고 그곳에도 로댕의 작품들이 야외에 널찍하게 전시되어 있었다. 우리는 정원에 있는 구내식당에서 점심을 먹고 좀 쉬었다가 옆에 있는 앵발리드 전쟁박물관Les Invalides으로 발길을 돌렸다.

앵발리드 전쟁박물관Les Invalides

앵발리드 전쟁박물관은 처음에는 루이 14세 왕이 1670년 전쟁에서 부상당한 상이군인들을 치료하기 위한 병원과 은퇴 군인들이 기거할 장소로 건축을 명령했다. 두 명의 유명한 건축가가 이어서 설계를 담당했고, 두 번째 건축가인 아르두앵 망사르Hardouin Mansart에 의해서 프랑스의 대표적인 바로크 건물로 1705년에 완공되었다. 순금 약 13킬로그램을 입힌 둥근 돔은 오후 햇살을 받아 황금빛을 번쩍거리며 주변을 환하게 비추고 있었다.

지금은 크고 화려한 본관 건물과 부속 시설을 크게 세 부분으로 나누어 관리하고 있다. 하나는 나폴레옹과 막료들의 무덤을 안치한 본관이다. 다른 부분은 전성기 프랑스 역사에 나타났던 각종 요란한

앵발리드 전쟁박물관

무기를 전시하고 있는 무기 박물관, 그리고 마지막 부분은 아직도 남아 있는 부상 퇴역 군인들이 거처하고 있는 요양병원이다.

본관에 안치된 나폴레옹의 관은 1821년 5월 5일 그가 유배당한 끝에 고독하게 죽은 세인트헬레나섬에서 가져온 유골을 넣어서 이곳에 1840년 무덤을 만들었고, 후에 그를 따르던 유명한 장군과 막료들의 관을 나폴레옹 주변에 배치해서 생전의 막강했던 나폴레옹 군대의 승승장구를 기념하는 명실상부한 전쟁박물관을 만들었다. 지금은 프랑스인이면 누구나 한 번씩은 프랑스의 위대한 역사와 영광을 생각하면서 찾아오는 국민적 관광 명소가 되었다.

조세핀 왕비는 나폴레옹의 막강한 세력 앞에서 정략결혼을 해야 했던 오스트리아의 합스부르그Hapsbourg 왕가의 공주였다. 그녀는 나폴레옹이 몰락하자 곧 그와의 이혼을 선언했으나, 나폴레옹은 그녀를 끝까지 사랑했다. 세인트헬레나섬에 유배되어 세상과 완전히 단절된 나폴레옹이 전 유럽을 호령했던 장군답지 않게 한 번만이라도 유배당한 섬으로 면회를 와달라고 몇 번이나 간절하게 애원했지만, 무슨 이유인지 냉정하게 거절했던 조세핀 왕비도 죽은 후에는 사람들에 의해서 억지로(?) 이곳에 자신의 관을 내주었다.

앵발리드는 총체적으로 프랑스의 영광을 전 세계에 알리는 '나폴레옹의 화려한 무덤'이라는 표현이 맞는 말이다. 프랑스에서 나

나폴레옹 관

폴레옹이라는 명사는 고유 명사라기보다 프랑스의 영광을 대신하는 일반 명사로 프랑스 사람들이 아무 때나 어느 곳에서나 쓰는 단어가 되었다. 그의 이름에서 딴 대문자 'N'이라는 표시를 한 당시의 건물이 파리 시내 요소요소에 수도 없이 눈에 띄는 이유이다. 루이 왕조는 프랑스를 중세에서 근세로 옮기며 화려한 유럽의 중심축으로 왕국을 세웠고, 그리고 프랑스 대혁명 이후 나폴레옹이 이끌었던 프랑스는 프랑스의 긴 역사에서 말 그대로 '영광의 시대'였다. 프랑스 역사에서 '영광'은 나폴레옹을 상징했고 나폴레옹은 프랑스의 영광이었던 것이다.

저녁때까지 시간이 남아서 우리는 노트르담 사원을 다시 찾아가서 이번에는 내부를 찬찬히 보고 아파트로 돌아왔다. 아침 일찍이나 저녁 시간에는 관람객들이 뜸한 편이라서 이런 시간대를 이용하는 것도 복잡을 피하는 방법이다.

7

베르사유궁전의 아름다움

- 베르사유궁전Palais de Versailles
- 오르세 미술관Musee d'Orsay

오늘은 파리 교외에 있는 옛 왕궁을 방문하고 그곳에서 지하철 기차를 타고 시내에 있는 프랑스의 대표적인 현대 미술관을 관람하기로 했다. 프랑스의 영광은 나폴레옹에 의해서 달성되었으나 위대한 프랑스를 만든 것은 역시 근세 루이Louis 왕조였다. 루이 14세, 15세 그리고 16세는 프랑스의 오늘을 만든 주춧돌이었다. 우리는 오늘 하루 짧은 시간이지만 어제의 프랑스와 오늘의 프랑스를 잠시 비교해보는 시청각 교육의 날로 정했다.

베르사유궁전

Palais de Versailles 혹은 Chateau de Versailles

유럽 여러 나라에는 절대 권력을 가지고 나라를 다스렸던 군주가 살던 왕궁들이 여러 곳이 남아 있다. 그 가운데 크고 아름다운 왕궁을 꼽으라면 베르사유Versailles궁이 그들 가운데 단연 압권이 될 것이다. 프랑스뿐만 아니라 전 세계에서 현존하는 가장 화려하고 웅장한 왕궁은 바로 파리 교외에 있는 베르사유궁과 그 부속 건물이다. 궁전 후면으로 이어진 넓은 후원이 또한 시원하다 못해 모든 방문객들의 가슴을 뻥 뚫리게 한다. 광활한 자연의 한 자락을 떼어내어 물과 나무와 숲으로 정돈하고 우아하게 가꾼 큰 후원이다. 당연히 궁과 정원을 돌고 나면 누구나 마음속에 하나의 질문이 떠오른다. 비록 왕이라도 과연 세상에 이런 호사를 누리며 산 왕들이 있었을까? 1789년 프랑스를 뒤흔든 시민 혁명Revolution의 원인을 제공했던 루이 16세와 비상한 미모와 오만의 대명사요 사치의 절정을 즐겼던 마리 앙투아네트Marie Antoinette 왕비가 전성기 프랑스의 막강한 재력과 권력을 유감없이 뿌리며 환락을 즐겼던 왕궁과 넓은 정원이 바로 베르사유궁이다.

우리는 아침을 먹고 나서, 이곳을 방문하기 위해서 아파트에서 가까운 기차역인 자벨Javel 역에서 베르사유궁을 가는 기차를 탔다.

파리에서 남서쪽으로 약 20km 떨어진 가까운 교외에 자리를 잡은 베르사유궁은 황금빛 지붕을 번쩍이며 검은색 철제 담장 안에 있었다. 뜰에는 프랑스 전성기 왕이었고 궁을 건축했던 루이 14세의 기마 동상이 밀물처럼 몰려드는 관광객들을 말없이 내려보며 알 수 없는 표정을 짓고 있었다.

야트막한 구릉과 넓은 평지로 이루어진 베르사유 지역은 원래 루이 13세의 사냥터였고, 가끔 사냥을 하기 위해 들르는 왕 일행의 숙소를 지은 것이 시작이 되어서 루이 14세가 일차로 1664년에서 1668년 사이에 왕의 하계별장으로 건축을 시작했다. 그 후에 여러 번의 추가 건축으로 현재의 방대한 모습을 갖추게 되었고, 특히 오늘 날의 베르사유궁전의 모습은 3차 건축기인 1678에서 1684년 사이에 건축의 명장 아르두앵 망사르Jules hardouin Mansart가 오면서 궁의 좌우에 우아한 날개 건물을 축조하고 또 후원에 말을 타고 마음껏 달릴 수 있는 넓은 공원을 조성한 뒤, 마지막으로 1699년부터 1710년 4차 증축으로 완성되었다.

왕궁의 규모 역시 초대형이다. 총 67,000㎡의 면적에다 2천7백 개의 방을 가지고 있으며 6백 명을 일시에 수용할 수 있는 대형 연회장chamber de Mirroirs은 전면에 큰 거울을 설치해서 흥겨운 무도회 모습을 참석자들이 서로 감상할 수 있게 만들었다. 그 밖에 왕과 왕비의 화려한 침실, 눈부신 왕궁 채플 등 실내에 수많은 그림과 번쩍이

는 가구 그리고 양탄자 등
이 곳곳에 예전 프랑스의
사치했던 궁정의 한 모습
을 오늘도 전하고 있었다.
화려한 궁전과 더불어 베
르사이유궁은 루이 14세가
파리의 루브르Louvre 궁전
에서 이곳으로 완전히 옮

베르사이유궁 정문 앞

겨온 1682년부터 시민혁명이 일어난 1789년까지 유럽 정치의 중심
지였고 "내가 바로 법이다"라는 전형적인 절대 왕정의 상징이었다.

밀려드는 사람들에 밀려서 우리는 이 방에서 저 방으로 왕궁을 조금은 어지럽게? 보고 나서, 궁에 속한 부속 정원을 보기 위해서 후원에서 운행 중인 구내 기차를 탔다. 전에 가족과 함께 주말에 이곳을 찾았을 때는 자전거를 빌려 타고 공원을 돌든지 또는 십자형으로 뚫린 호수에 배를 타고 놀았던 기억이 났다. 지금은 밀려드는 관광객들 때문에 이런 한가한 여가 놀이나 시설이 없어진 듯 물놀이나 자전거 행렬이 전혀 보이지 않았다.

우리는 베르사유궁전을 나와서 마침 부근에 있는 풀만Pullman 호텔에 들러서 늦은 점심을 프랑스식으로 맛있게 먹었다. 점심을 먹고 나서 우리는 사람들이 인산인해로 몰려드는 왕궁을 피해서 파리 시내로 들어가 한 유명 박물관을 찾았다. 다행히 이곳에서 기차를 타면 곧장 오르세 미술관Musee d'Orsay이라는 프랑스의 최신 미술관까지 갈 수가 있었다.

오르세 미술관Musee d'Orsay

파리는 각종 크고 작은 미술관이 밀집한 박물관의 천국이다. 어디를 가도 미술관이나 박물관이 있다. 더 놀라운 것은 그곳에 전시된 작품이 인류가 어디서든 창조한 가장 아름다운 걸작들이라는 점이다. 파리 시민은 이들 문화유산을 잘 보존 관리하는 사람들이고 심지어 2차 세계대전이라는 끔찍한 전란에서 나라의 생존이나 운명보다 이들을 지켰던 선조들의 전통을 오늘도 고수하고 있다. 이들의 전통과 생각이 바로 문화라는 생각이 든다. "인생은 짧고 예술은 길다"는 말이 있다. 또 문화를 논하는 많은 이론과 책들이 있지만, 인간이 만든 어떤 예술이나 사상은 시간이 차면 사라질 뿐이다. 그 가운데 아름다운 것들을 소멸에서 보호하고 모아서 후대에 잘 전하려는 사람들의 의식이 문화인 것이다.

오르세 박물관은 기차역이었던 오르세역을 개조해서 1986년 개관한 대표적인 현대 미술관이다. 프랑스뿐만 아니라 각국에서 미술의 걸작들을 모아서 전시하고 있는 복합 미술 박물관 가운데 하나이다. 예술의 나라 프랑스가 지금까지 축적한 '보존과 전시'의 모든 노하우를 과시한 박물관이다.

일층 전시실에는 인상파 작가들, 모네, 마네, 드가, 르느아르, 세잔, 쇠라, 시슬리, 고갱, 반고흐 등의 걸작들이 잘 정돈되어 있었고, 맞은편은 아르누보Art Nouveau 작품들, 특히 가구를 중심으로 재미있는 작품들이 눈길을 끌었다. 이층과 지하에는 중세 혹은 근대 조각가들과 미술가들의 작품이 배치되어 있었다.

나는 지하 조각품 전시실을 보다가 신기한 청동상 하나를 발견하고 오랫동안 그 앞에서 작품을 살펴보았다. 실물 크기의 앳된 젊은

오르세 박물관

이가 자기 머리보다 몇 배나 큰 머리통을 발로 밟고 서 있는 모습이
었다. 특히 젊은이는 옷을 하나도 걸치지 않고 손에 몸에 비해 너무
큰 칼을 잡고 있었다. 나는 곧 청동상의 주인공이 청년15살 정도 유대
나라를 대표하는 걸출한 왕 다윗이고 그가 밟고 있는 큰 머리는 거
인 골리앗의 머리라는 것을 알았다. 청년이 들고 서 있는 큰 칼은 거
인 골리앗이 들고 나온 큰 칼을 빼앗은 것이었다.

　이 청동상은 안토닌 메르시Antonin Mercie, 1845~1916라는 프랑스
조각가가 1872년 석고로 만든 것을 1874년에 티에보V. Thiebaut라는
사람이 지금과 같은 청동상으로 주조해서 더 유명해졌다. 메르시는

이 작품으로 무명에서 일약 유명 조각가로 등장했음은 말할 것도 없다. 청동상의 특징은 소년 다윗을 온화한 얼굴에 전라로 표현해서 그 마음의 순수성을 강조했으며, 반면 골리앗의 머리통은 주인공보다 엄청 크게 만들어 그의 기형적인 거인 모습을 강조했고 그의 부릅뜬 눈과 고통스런 얼굴은 비극적 패배를 여실하게 표현하

오르세 박물관에서 필자

고 있었다. 내가 이 작품을 오래 본 이유는 마침 그때 나는 다윗 왕의 전기 집필을 끝내고 표지 사진을 찾고 있던 중이었다.

오르세 미술관을 천천히 보고 오늘의 일정을 마치고 아파트 부근에 있는 세탁소를 찾아 가서 며칠 전에 맡겼던 옷가지를 찾았다. 아파트에 도착한 시각은 저녁 6시30분경, 벌써 저녁 먹을 시간이었다. 가져온 라면을 방에서 끓였다. 여행 중에 시간과 장소가 허락하면 친구들이나 식구들끼리 라면을 삶아서 김치와 함께 먹는 맛은 우리 한국 사람이 아니면 느끼지 못할 천하 진미이다. 김치는 냄새를 줄일 수만 있다면 여행 중 최고의 반찬이다.

2부

PARIS

파리 근교로
나가다

8

그림 속의 그 풍경을 찾아서

- 프랑스 서북부 노르망디 해안 지역
- 파리 근교 화가들의 고장

파리 시를 벗어나서 가볼 만한 지역 몇 곳

우리는 파리 시내를 벗어나서 시간이 되는 대로 파리 근교 도시와 시골도 보기로 했다. 파리를 중심으로 프랑스 전역이 마음만 먹으면 차를 타든 혹은 비행기를 타면 모두 하루에 갔다 올 수 있는 일일 여행지이다. 우리는 가보고 싶은 곳이 너무 많아서, 제한된 일정에 맞추어 어디를 먼저 가야 할지를 놓고 선택에 많은 어려움을 겪었다.

프랑스를 방문하는 사람들이 파리를 벗어나 가보고 싶어 하는 첫 순위는 아마 남프랑스 남쪽 지중해 방면 쪽이 될 듯 하다. 파리에서 남쪽으로 자동차를 달려서 중부 리옹Lyon 시를 지나고 곧장 달려가면 지중해의 이름난 휴양 도시인 칸Canne, 니스Nice, 님Nime, 모나코Monaco 공국 등 아름답기로 이름 난 해변 도시가 나온다. 파리 사

파리의 기차역에서

람들이 여름철을 맞으면 파리 시를 온통 방문객들에게 양보하고 즐겨 이곳으로 바캉스를 떠난다. 남프랑스 해안가 도시에 도착하기 전에, 화가 세잔이 살았던 프로방스Provence라는 남프랑스의 전형적인 시골이 작은 마을들을 끼고 아름답게 펼쳐 있다. 또 엑상프로방스Ex en Provence는 일찍부터 프로방스의 수도로 대학 도시로 이름이 나있다. 한국 학생들이 선호하는 대학이 있어서 우리에게 더 친근한 곳이다.

프랑스의 수도 파리는 또 지도에서 찾으면 나라 북쪽 끝에 있고 그리고 파리에서 서쪽 끝에는 르아브르Le Havre라는 항구 도시가 대서양을 건너 영국을 마주 보고 있다. 르아브르 항구는 프랑스 남단

에 있는 다른 항구 도시 마르세유Marseille에 이어 두 번째로 큰 항구 도시이다. 노르망디Normandy라고 부르는 이 지역 일대에 루앙Rouen, 도빌Deauville, 옹플뢰르Honfleur, 에트르타Etretat 등 관광객이 끊이지 않는 마을과 도시들이 즐비하다. 파리 시민들이 쉬는 날이면 가벼운 마음으로 나들이 하는 지역이다.

그리고 프랑스의 볼거리로 빼놓을 수 없는 지역이 또 중부 프랑스를 동서로 가로지르는 루아르 강변Loire Valley에 있다. 루아르강은 프랑스에서 가장 긴 강으로 고대 구석기 시대와 중세의 유적들, 특히 지방 토호들이 전쟁을 위해서 건축한 아름다운 성채들이 많이 보존되어 있는 세계문화 유산 지역이다. 앙부아즈Amboise, 오를레앙Orleans, 투르Tours 등 여러 도시를 유유히 흐르는 강변에는 뾰족하게 솟은 첨탑을 달고 버티고 서 있는 성채들이 다수 보존되어 있어서 그림 같은 중세 모습을 제공하고 있다.

프랑스 하면 또 빼놓을 수 없는 특산물이 있다. 포도주와 치즈이다. 프랑스 서남부에 있는 포도주의 세계적 수도라는 보르도Bordeaux는 포도주의 주산지로 넓은 포도원과 유명 포도주 명가들이 버티고 있다. 그 밖에도 프랑스는 부르고뉴Bourgonne와 샹파뉴Champagne 등 포도주와 샴페인 등의 특산지가 있고 이들을 찾아보는 것도 프랑스의 중요한 관광 코스이다.

우리는 의논 끝에 이번에는 길지 않은 남은 기간에 비교적 쉽게 다녀올 수 있는 지역으로 파리 서북쪽 방면에 있는 세 곳을 뽑았다. 하루는 노르망디 지역 몇 곳을 보고, 그리고 다른 하루는 루앙Rouen 부근 모네Monet의 집이 있는 지베르니Girveny와 반 고흐Van Gogh가 마지막 두 달을 보내고 자살한 오베르 쉬르 와즈Auvers sur Oise에 있는 여관과 무덤을 찾아보기로 했다. 그리고 마지막 하루는 파리 근교에 있는 근대 프랑스 사실주의와 자연주의의 대가 밀레가 살았던 바르비종Barbizon 지역과 나폴레옹이 마지막으로 살았던 퐁텐블로Fontaine-bleau궁을 보고 그 지역에 남아 있는 중세 마을 한 곳을 찾아보는 데 쓰기로 작정했다.

노르망디Normandy 지역 드라이브

오늘은 파리 시를 떠나서 방문할 세 곳 가운데 하나인 노르망디 지역을 방문하는 날이다. 아침 일찍 우리는 2차 대전 때 노르망디 상륙작전의 중요 지역이었고 바다와 흰 절벽을 배경으로 여러 화가들이 즐겨 그렸던 노르망디 해변 마을인 에트르타Etretat를 향해서 차를 달렸다. 2시간을 달렸을까, 루앙Rouen 시를 조금 지나서 고속도로 변에 있는 간이식당에 들러서 늦은 아침을 먹었다. 깨끗한 간이식당

옹플뢰르 어촌

겸 잡화점은 큰 회사가 운영하는 지역 점포로서 상품이 잘 정돈되어 있었고, 주문한 빵과 크루아상 빵을 적당히 데워서 먹기 좋게 내놓았다. 언어 불통으로 가끔 불친절하다는 말을 듣는 프랑스 사람들도 자신의 가게를 찾는 손님들에게는 풍성한(?) 친절을 베푼다. 모처럼 주문한 빵을 모두 먹기 좋게 덥혀서 내온 고속도로 변의 식료품 가게의 친절에 감사하며 우리는 음식을 커피와 다른 음료수와 함께 즐겁게 잘 먹었다.

점심을 먹고 나서 자동차로 에트르타, 르아브르Le Havre, 도빌 Dauville 등 여러 지역을 방문했다. 날씨가 맑은 날이면 영국이 보인

다는 대서양 절벽도 올라가 보고, 바닷물이 철렁대는 항구도 보면서
대서양의 거센 바람을 만끽했다. 우리는 파리 시로 돌아가는 길에
잠시 옹플뢰르Honfleur라는 조그만 어촌을 들렀다. 많이 늦었지만 그
곳에서 점심도 먹기로 했다.

옹플뢰르Hongfleur 어촌

옹플뢰르Honfleur는 작은 어촌으로 파리에 사는 사람들이 주말이
면 도심을 피해서 한적한 이곳에서 바다 바람을 맞으며 하루 이틀을
지내는 곳이다. 우리가 파리에 살 때도 주말이면 잘 오는 곳이었다.
바쁜 일들에 몰려서 식구들 얼굴도 잊을 뻔한 생활을 조금이라도 용
서 받기 위해서 내가 가족과 함께 잘 갔던 곳이다. 늘 칙칙한 흐린
날씨와 사무실 분위기를 벗어나서, 햇볕이 내리쪼이고 파도와 바람
이 이는 바다가 펼쳐지는 작은 어촌에 와서 아기자기한 시골 상점을
보며 또 단출한 화구를 길거리에 벌려놓고 그림을 그리며 팔기도 하
는 가난한 화가들을 만나는 시간은 우리에겐 잊혀지지 않는 행복한
파리의 기억들 가운데 하나였다. 우리는 마을의 이곳저곳을 한가롭
게 기웃거렸던 기억과 그 맛을 기억하며 어촌을 다시 찾은 것이다.

마침 점심시간이 이미 지난 때였다. 서둘러 항구 주변에 늘어선 한적한 식당 한 곳을 골라 자리를 잡았다. 그리고 예전에 먹었던 생각이 나서, 삶은 물Moules, 홍합과 대서양에서 잡은 가자미Sole 등 몇 가지 해산물을 시켰다. 홍합 맛이 여전히 별미였다. 크지도 않고 너무 잘지도 않은 적당한 크기의 홍합을 버터와 양파로 간을 맞추고 끓여 낸 홍합탕을 바게트 빵과 함께 먹는 맛이 일품이었다. 이곳에는 각종 어패류가 많아서 그중에 꼬막이나 완두콩만 한 작은 다슬기를 바늘로 파먹으며 끝도 없는 수다를 피우는 사람들이 프랑스 사람들이다. 늘 급하기만 한 우리와는 정반대의 모습이 부럽기만 했다.

점심을 맛있게 먹고 우리는 전에 했던 것 같이 항구 마을 이곳저곳을 기웃거렸다. 마을 입구 바다 가에 목조 건물로는 가장 큰 성당이 수백 년 오랜 연륜을 자랑하며 서있고 그 옆에 유명한 종탑이 쓰러질 듯 위태롭게² 붙어 있다. 마을 안에는 많은 가게들이 방문객을 기다리고 있었다. 그리고 예의 길거리 화가들도 바닷가에 전을 펴고 그림을 스케치하는 척, 손님을 기다리고 있었다. 일행 가운데 한 사람이 한 곳에서 흥정을 시작했지만 성공하지 못하고 우리는 다시 파리로 돌아가는 차를 탔다.

그는 차 안에서 곧 그림 얘기를 하며 가난한 시골 화가와 그림 가격이 맞지 않아 구매를 포기한 것을 못내 아쉬워했다. 가난한 화가의 불통 고집을 금전으로 환산한 것이 민망했던 것이다. 예술은 그

것만으로 충분한 것이고 무엇으로 환산하다가는 그 맛을 잃고 만다. 좋으면 좋은 것이다. 그리고 보는 것으로 만족할 줄도 알아야 한다. 관광은 어느 곳이나 한 번 지나면 후회를 해도 소용없는 법, 마음에 들면 가서 보고 또 볼 때 내키면 주머니를 열어야 한다.

우리는 저녁 시간이 지나서야 파리에 도착했다. 오늘도 하루를 끝내며 식당의 밥상에 둘러앉아 아름다운 프랑스 해변 얘기에 시간을 잊었다.

9

고흐가 살았던 그 여인숙

- 인상파의 아버지 클로드 모네Claude Monet의
  집과 아름다운 연못
- 빈센트 반 고흐Vincent Van Gogh의 마지막
  여인숙 방문

파리는 어디든지 좋은 그림이 지천으로 있다. 그만큼 셀 수 없이 많은 화가들이 파리에 살았고, 지금도 언젠가는 세계가 인정하는 화가가 되겠다는 꿈을 가지고 세계 여러 나라에서 온 화가 지망생들이 파리와 그 주변에 살고 있다. 우리는 황금 같은 파리 방문 시간 가운데 2일을 좋아하는 프랑스 화가의 작품과 그들이 살던 집을 천천히 둘러보는 시간으로 할애했다.

첫날은 프랑스 화단에 새로운 풍조를 일으켜 세계의 미술계를 지
배했던 두 거장이 살았던 곳을 찾아 가보려고 했다. 이들 두 화가의
연고지가 자동차로 2시간 안에 갈 수 있는 멀지 않은 파리 서쪽 교외
에 있었다.

클로드 모네Claude Monet의 집

아름다운 연꽃이 맑고 반짝이는 파란 연못 물위에 무리를 지어 흩어져 있었다. 물가에 널찍하게 자리를 잡은 수양 버드나무의 늘어진 가지가 검게 그늘진 물 위를 흐느적거리는 곳에 나무다리가 곱게 등을 구부리고 앉아 있는 연못이다. 지베르니Giverny라는 파리에서 80km 서북쪽으로 떨어져 있는 시골에 자리 잡은 근대 프랑스 화단의 거장이며 인상파Impressionist의 창시자인 클로드 모네Claude Monet가 만든 유명한 연못이다.

모네는 자신이 직접 이 연못을 만들고 4계절 아름다운 연못의 모습을 화폭에 담아 세상에 알리는 데 자신의 후반 일생1883~1929을 걸었다. 그의 전반 인생1840~1883은 파리를 중심으로 영국, 네덜란드 등을 방문하고 그곳 화가들과 교류하며 화가로서 특히 인상파를 주창하며 꽤나 이름을 날렸다. 인상파 작가Impressionist라는 말은 그가 발표했던 1872년 작품을 보고 비평가들이 사용

모네의 정원앞에서 지인들과

한 말이었다. 모네가 붙인 작품의 제목이 〈솟는 해의 인상〉Impression, Soleil levant 이었고 이를 본 화단 비평가들이 인상파라고 불렀던 말에서 연유했다.

파리 생활을 접은 모네는 두 번째 부인과 함께 1883년 이곳 지베르니에 왔다. 1890년 돈이 좀 모이자 아예 지금의 정원 땅과 붉은 색 벽돌집을 샀다. 원래 농사짓던 밭을 꽃을 사랑했던 모네가 정원으로 바꾸었고, 여기저기에서 꽃을 가져와 장미와 해바라기 그리고 붓꽃과 수선화 등 진기한 꽃나무를 가꾸어서 지금의 화려한 꽃의 정원을 만들었다. 그는 1893년에는 자신의 정원 옆에 붙어 있던 땅을 더 사서 그곳에 부근에 있는 루Ru라고 부르는 조그만 개울에서 물을 끌어들여 연못을 만들었다. 모네의 유명한 연못이 이렇게 탄생했다. 모네는 이후 꽃이 가득한 정원과 아름다운 연못을 그리며 이곳에서 화가로선 드물게 전성기 명성을 날리며 살다가 1926년 생을 마감했다.

파리 시네 콩코드 광장과 루브르박물관 사이에 튈르리Tuilerie Gardens라는 넓은 정원이 있다. 이곳에 클로드 모네의 걸작들과 파리의 유명 화상이었던 폴 기욤Paul Guillome의 부인이 기증한 19, 20세기 유명 화가들의 그림으로 가득한 오랑주리 미술관Musee de l'Orangerie이 있다. 클로드 모네는 그의 친구이고 그림 애호가였던 당시 프랑스 정계 거물이었던 클레망소로부터 1차 대전 종전기념으로 오랑주리 미술관에 그의 작품을 영구 전시하면 좋겠다는 제의를 받았다.

모네의 집 입구에서

1922년 4월 12일 모네가 드디어 정부가 제의한 계약서에 서명을 했고, 그가 작고한 다음 해 1927년 5월 17일 오랑주리 미술관은 수리를 마치고 드디어 모네가 혼신의 힘을 다해서 그린 걸작들을 전시했다. 모네는 이 박물관을 위해서 〈연못에 핀 수련〉을 주제로 대형 그림 시리즈Nymphaea's 8점을 그렸고, 오늘날 그의 대표작이며 또한 세기의 '명작'이 이렇게 탄생했던 것이다.

자베르니에 있는 모네의 집은 현재 그의 박물관으로 변신해서 매년 날씨가 적당한 연 중 7개월 동안에 5십만 명의 인파가 몰려들고 있다. 그리고 파리 시내에 있는 오랑주리를 찾는 방문객은 이보다 훨씬 많다.

지베르니에 있는 모네의 정원을 보고 나서 우리는 모네 미술관 구내식당에서 늦은 점심을 먹었다. 프랑스 사람들은 우리와 같이 육회를 잘 먹는다. 타르타르Tartar라고 육회에 후추 등 양념을 더해서 날로 먹는 음식이다. 우리의 육회는 주식이라기보다는 반찬으로 혹은 안주로 잘 먹지만, 이곳 사람들은 정식 식사 메뉴로 일반 식당에서는 어디서나 주문하면 나온다. 우리도 파리에 오던 날부터 한 번은 먹고자 했던 음식이었다. 우리 남자들은 모처럼 탄산수 한 병도 곁들여서 타르타르 한 접시를 잘 비웠다.

빈센트 반 고흐Vincent Van Gogh의 권총 자살과 무덤, 그리고 여인숙Ravaux Auberge

우리는 오후 늦게 점심을 마치고 모네의 집에서 멀지 않은 다른 한 곳을 자동차를 달려서 찾아갔다. 파리에서 북서쪽으로 27km 떨어져 있는 오베르쉬르우아즈Aubers-sur-Oise라는 조그만 마을이었다. 이곳에 라보 여인숙Ravaux Auberge이 있다. 후기 인상파의 대표적인 화가 빈센트 반 고흐Vincent Van Gogh가 죽기 전 70일 동안을 기거했던 시골 여관이었다.

반 고흐는 친구 화가 고갱Paul Gauguin과 심한 다툼 끝에 헤어지고 나서, 지병이 심해지자 스스로 정신병원에 입원했다. 그는 퇴원하자

라보 여인숙

파리에서 가깝고 화가들이 모이는 이곳으로 왔다. 또한 그는 친구이며 의사였던 폴 가셰Paul Gachet에게 정신병 치료를 받으려고 이곳을 찾아왔다. 그러나 가난뱅이 빈털터리였던 그에게 여관에 투숙할 돈이 있을 턱이 없었다. 그가 평생 의지했던 동

생에게 약간의 도움을 받아 라보 여인숙에서 제일 싼 다락방 한쪽을 겨우 세내어 살게 되었다. 그의 동생 역시 한 화상에서 일하며 겨우 살아가던 사람이었으나 천하의 외톨박이 고흐는 급할 때는 늘 이 동생에게 손을 내밀었고 동생은 힘껏 도왔다.

우리가 올라가 본 다락방은 한 사람이 간신히 기거하고 누워 잘 수 있는 작은 다락에 나무 침대 하나를 덩그러니 놓아둔 방이었다. 허리마저 쭉 펴기 어려운 방 천장에는 비스듬히 내려진 조그만 창이 있고, 그 옆에 외로운 전등 하나가 달랑 매달려 있었다. 괴팍했던 그가 어떻게 그곳에서 투숙객 생활을 70일 동안이나 견디었을지 궁금했다. 그러나 서른일곱 해를 살며 마지막으로 이곳에서 권총 자살을 했던 천재 화가는 죽을 때까지 30여 곳의 주소를 옮기며 네덜란드와 영국, 프랑스, 벨기에 등 여러 곳을 전전하며 살았던 간난한 화가였다. 그는 정신병원을 퇴원해서 갈 곳이 없었고 파리 근교인 이곳에 화가들이 모인다는 말을 듣고 찾아와 이 부근에서 싼 여인숙, 그것도 제일 싼 다락방을 얻어 기식하며 오직 그림에 열중했다.

그의 괴팍한 성미에 가난했던 인생은 그가 죽고 나서야 변하기 시작했고 1백 년이 지나서는 그가 남긴 작품은 세상에서 가장 비싸게 팔리는 걸작들이 되었다. 목사의 집안에서 태어나 자신도 한때는 목회를 지망하기도 했던 그가 천국에서 천장부지로 치솟은 그의 그림 값 소식을 들었다면 평생 화상에서 일하며 푼돈을 모아 그를 수발했던 동생 '테오'Theo를 보고 앙천대소하며 보란 듯 가슴을 젖혔을 듯하다. 하나님이 엮는 인생의 길은 신비할 뿐이다. 불평 말고 최선을 다하면 사람들이 인정을 하든 안 하든 '시간과 장소'를 넘어서 그대로 의미는 있는 것이다. 그의 살았던 인생이야말로 "인생은 짧고 예술은 영원하다"는 말을 실증하는 좋은 예였다.

우리는 방을 보고 나서 그가 매일 화구를 들고 나가 그림을 그렸던 언덕 위에 있는 밀밭을 보러 나갔다. 밭에는 뜨거운 볕 아래서 보리가 푸르게 자라고 있었다. 그리고 그가 죽어서 묻힌 묘가 밀밭 앞 멀지 않은 곳에 있었다. 아무 장식도 없이 "여기 빈센트 반 고흐가 쉬고 있노라"는 말이 쓰인 작은 비석이 있었고, 바로 곁에 그가 죽고 나서 곧 이유도 없이 따라 죽었던 그의 동생 묘가 죽어서도 옆을 지키고 있었다.

37세를 일기로 요절했던 천재 화가 빈센트 반 고흐가 권총 자살로 어두웠던 생을 마감하기 바로 전 두 달여를 지낸 여관방이었고, 〈까마귀 나는 밀밭〉이라는 걸작의 현장이었다. 또 이곳에서 멀지 않은 곳에 교회가 있는 오베르쉬르우아즈라는 마을이었다. 빈센트 반 고흐는 이곳에서 그의 걸작들을 그렸다. 〈의사 가셰의 초상화〉, 〈오베르쉬르우아즈 마을의 교회〉, 〈까마귀 나는 밀밭〉, 〈깜깜한 구름 덥힌 하늘 아래 밀밭〉, 〈도비니Daubigny의 집〉 등 70여 점의 명작들

을 이곳에 남기고 떠났다.

오래전에 보았던 그의 작품 〈까마귀 나는 밀밭〉이 기억에 떠올랐다. 여름이 지나고 황금빛으로 물든 밀밭에 까만 까마귀 떼가 흐릿한 하늘로 비상하는 그림이었다. 가난하고 정신병까지 있던 그의 인생은 어떻게 탈출구가 보이지 않는 인생이었다. 스스로 정신병원에 갇혀서 치료를 받아 보려고 했지만 그의 인생길은 더 어두워만 갔다. 다시 닥터 가셰에게 치료와 도움을 받고 재기하겠다는 실낱같은 꿈을 앉고 그는 화구가 든 작은 가방 하나를 가지고 이곳 오베르쉬르우아즈를 찾아왔던 것이다. 그의 천재를 알아주는 사람은 한 사람도 없는 이곳 시골 마을에서 매일 먹는 것까지 걱정해야 할 형편이었던 그는 절망과 고독을 혼자 씹었다. 대신 그는 오직 작품을 만드는 일에 온 정신을 쏟았던 것이다.

그가 이곳에 온 지 벌써 70일이나 되었다. 그는 새로운 밀밭을 그때 보았다. 노랗게 변한 밀밭은 강렬한 색감으로 그의 예민한 눈과 영혼을 자극했다. 밀밭을 찾아들던 까마귀 떼가 무슨 일로 놀랐는지 날카로운 소리를 지르며 하늘로 비상하기 시작했다. 까마귀 떼는 배가 불렀고 텅 빈 하늘은 끝도 없이 퍼져 있었다. 그들이 힘차게 날았다. 하늘은 구름으로 잿빛이었지만 그들은 두려움이 없었다. 그는 영혼을 다해 밀밭을 그렸고 소리 내는 까마귀의 비상을 생명으로 그렸다. 낡은 화구를 정돈하고 밀밭을 내려가던 그가 문득 까마귀의 자유로운 비상이 샘이 났다. 현실의 장벽을 깨뜨리지 못하는 그의 처지가 갑자기 역겨웠다. 화가 났다. 그는 육신의 장벽을 깨뜨리고 진정 날고 싶었다. 그 순간 그가 비상용으로 늘 지니고 있던 권총에 손을 대고 정신없이 방아쇠를 당겼다. 천재는 가슴에 총알이 박힌 채 하루를 더 살고 그곳 여인숙 다락방에서 숨을 거두었다.

비극의 현장을 떠나는 우리의 마음에 이런저런 생각들이 꿈틀대었다. 우리는 자동차로 그가 화폭에 담아 유명하게 된 교회를 찾아갔다. 그 자신 목사가 될 꿈을 가지고 신학까지 공부했던 빈센트 반

고흐를 추모하며 우리는 그가 그린 걸작 가운데 또 하나의 주제를
제공했던 교회를 보았다. 교회는 한 가난뱅이 화가의 인생 유전을
다 잊은 듯 아무 말도 없이 고요하고 평온했다. 인생의 희비나 성패
는 다 지나가는 것들 일뿐. 그러나 영원한 것들도 있다.

10

만종이 울리던 넓은 들판

- 파리 교외 바르비종Barbizon
- 밀레Millet의 집 방문

바르비종의 밀레의 집

파리 북쪽 교외에 바르비종Barbizon이라는 조그만 농촌 마을이 있
다. 1830에서 1870년 사이에 이곳에 자연주의 혹은 사실주의 화가
들이, 프랑스뿐만 아니고 영국이나 네덜란드 등지에서 모여들었다.
이들 가운데 걸출했던 두 작가가 이곳 농촌의 자연 풍광과 가난한
농부들의 모습을 사실적으로 그려서 프랑스 화단에 새로운 화풍을

바르비종 밀레의 집 입구에서

더했다. 두 사람은 장 프랑수아 밀레Jean Francois Millet와 테오도르 루소Theodore Rousseau였다.

우리는 바르비종에 있는 밀레의 집을 찾아갔다. 밀레는 〈만종〉, 〈이삭줍기〉, 〈씨 뿌리는 여인〉, 〈빵 굽는 여인〉 등 수많은 명작을 이곳에서 그렸고 이후 바르비종파의 대표적 작가가 되었다. 밀레는 모네보다 훨씬 전에 살았던 화가로, 모네가 지베르니에서 평생의 걸작들을 그린 것 같이 밀레는 바르비종이라는 조그만 농촌에 와서 불휴의 명작을 탄생시켜 인생을 꽃피운 사람이다.

만종의 배경인
바르비종 들판에서

밀레는 노르망디 지방에서 살던 농부의 집안에서 장남으로 태어나 아버지를 도와서 농사일을 하면서 자랐다. 화가로서의 재능을 알아본 그의 아버지는 그를 여러 화가들에게 보내어 화가 수업을 받도록 했다. 그런 까닭에 그의 출생1814년과 어린 시절 성장을 비롯해서 그의 화가 수업은 늘 노르망디의 지방 도시와 파리를 오가며 했다.

그러나 그가 두 번째 결혼 이후에 이곳 바르비종으로 이사 온 1849년부터 화가로서 최고의 인생을 보냈고 프랑스가 자랑하는 명작들을 이곳에서 만들고 1875년 숨질 때까지 살았다. 화가로서의 인생뿐만 아니라 그는 이곳에서 농부들과 함께 9명의 자녀를 낳고 기르면서 당대의 화가들 가운데 지극히 행복한 가정을 이루었다.

모네는 지르베니에 와서 그의 최고 걸작을 만들었다. 그것을 준비하기 위해서 그는 스스로 물을 끌어들이고 일본식 다리를 만들고 하면서 아름다운 정원을 완성했다. 밀레는 바르비종에 와서 농부 출신답게 그곳에 사는 농부들, 그들이 땀 흘려 일했던 들판과 힘들게 살았던 마을 사람들과 어울려 살면서 그 가운데서 그들에게 마음의 평화를 주었던 교회와 그 종탑에서 울려 퍼지는 종소리를 화폭에 그렸다. 그는 자연스럽게 프랑스의 사실주의 혹은 자연주의 화가를 대표하는 작가가 되었다.

우리는 바르비종에 도착해서 밀레의 집을 찾아보고 빈약하지만 조금 남아 있는 그의 유품을 살펴보고 설명도 들었다. 그러나 주변에는 그가 즐겨 화폭에 담은 농부들이나 빵집의 모습은 어디든지 찾을 길이 없었다. 이미 1백 50년이나 세월이 흐른 지금 그 옛날 인걸의 흔적을 찾는 것은 좀 어리석은 일이었다.

우리는 마을 밖으로 나갔다. 그곳에는 밀레가 그의 대표작 〈만종〉The Angelus을 그렸던 넓은 들판이 아직도 남아 있었다. 우리는 멀리 보이는 집들 너머 만종을 울렸던 교회 첨탑을 한참 동안 찾았다. 우리가 삼십여 년 전에 분명 보았던 그 교회 첨탑이 오늘 따라 보이지 않았다. 두리번거리는 우리의 마음이 안타까워지기 시작했다.

우리는 다시 모퉁이를 돌아 황토가 간간이 보이는 밭 언덕을 찾아 갔다. 푸른 보리가 야트막하게 자라고 있었다. 어딘가 그 끝에 개울이 하나 흐를 듯했다. 만종은 보통 저녁 6시 울리는 종이다. 밭에 일하던 모든 사람에게 하루 일을 끝내고 집으로 돌아갈 시간을 알리는 종이었다. 힘들었지만, 하루 일을 잘 마친 것을 감사하며 농부들이 기도를 드리고 집으로 돌아갔던 것이다. 소 떼를 이끌고 멀리 갔던 목동도 종소리를 듣고 소를 몰고 밭고랑을 지나 저 개울을 건넜을 것이다.

지금도 루브르박물관에서 다빈치의 〈모나리자〉 초상화 다음으로 많은 관객들이 몰리는 〈만종〉Angelus의 주제를 찾아서 우리는 밑도 끝도 없는 생각들을 굴리며 바르비종 마을과 들판을 헤매며 시간을 보냈다. 〈만종〉에는 여러 얘기들이 전해 내려오고 있다. 그러나 한 가지 분명한 것은 〈만종〉은 밀레 자신이 어린 시절 농사일을 하던 들판에서 들었던 그 종소리와 기도 소리를 형상화했던 것이고 그 위에 아름다운 색채를 입혀 완성한 그림이다. 힘든 노동으로 지치고 피곤하지만 '하루의 일'을 끝내고 하나님이 주시는 '쉼과 평안'을 일을 끝낸 들판에서 감사하는 그림이다. 어느 누가 에덴동산을 떠난 인간들이 지상에서 누리는 건강한 삶을 이보다 더 진실하게 표현할 수 있을까? 지구 반대편에 사는 사람들조차 한번은 프랑스 파리를 가서 꼭 보고 싶은 걸작이 이렇게 탄생했던 것이다.

한국 화가의 집 방문

그날 한참 시간이 지난 저녁 무렵이었다. 파리에 오래 살고 있는 후배 내외가 파리 근교에 사는 한국 화가 한 분의 집을 저녁에 가보자고 권했다. 저녁 시간에 약속을 하고 우리는 한국 화가의 집을 방문하고 그의 작품도 구경했다. 파리 교외에 있는 그의 집은 원래는 헌 창고였던 작은 건물을 구입해서 본인이 직접 개조한 집이었다.

화가는 창고의 반을 아틀리에Atelier로 바꿨고 나머지 반은 거실과 침실로 쓰고 있었다. 크지 않은 거실에 앉은 우리는 그의 단출한

밀레의 〈만종〉

가정생활과 그림 얘기를 하면서, 그가 손수 만든 식탁, 의자, 큰 항
아리를 이용해서 만든 실내 화분 그리고 꽃과 나무들을 재미있게 보
았다. 한구석, 조그만 장식장 위에는 한국 고유의 예쁜 원앙 한 쌍도
있었다. 충남 서산이 고향인 작가는 한국에서 보다 프랑스에 와서
정통 미술 공부L'Ecole de Beaux Arts를 했다. 그는 파리에서 여러 전시회
에 참가하며 화가로서 지금까지 십여 년을 살고 있었다.
　　부인은 살림을 돕기 위해서 시내에 나가 일을 하는 까닭으로 집에 없었다. 우리는 아틀리에로 나가서 그가 그린 추상화 작품도 보았다. 즐거운 마음으로 얼마 동안 그림 얘기를 나누다가 그 집을 나왔다. 그가 창고를 개조해서 만든 작업실과 거실이 참 마음에 들었다. 돈이 없는 가난한 화가가 돈을 절약하며, 해가 드는 창을 천장에 내고 대부분의 가재도구를 손수 깔끔하게 만들고 다듬은 솜씨가 화가의 성실함을 잘 보여주었다.

일생을 살면서 때가 되면 자신이 살아가고 일할 공간을 스스로 만든다는 것은 중요한 일이다. 장소를 선택하고 먹고 자고 일하는 것부터 환경을 꾸미는 일은 누가 생각해도 중요한 인생의 기초이다. 철학이 있고 꿈이 있고 수고가 있어야 만들 수 있는 일이다. 우리는 이런 견고한 기초를 보는 일만으로도 마음이 즐거웠다.

3부

PARIS

다시
파리 시내를
거닐다

11

예술의 아름다움을
지키는 미술관

• 퐁피두Pompidou 센터 산책

날이 흐리고 비가 올 듯한 날이다. 우리는 파리 시내 4구에 있
는 퐁피두Pompidou 센터를 방문해서 그곳에 전시중인 프랑스의 보
물 미술품을 감상하기로 했다. 퐁피두 미술관은 파리에 있는 예술
관련 건물로는 가장 현대적인 모습으로 지은 건물이다. 전면에는
유명한 미국의 건축 예술가인 알렉산더 칼더Alexander Calder가 만든
7.6m의 〈Horizontal〉이라는 제목의 큰 조형물이 설치되어 있어 방
문객들의 눈을 홀린다.

퐁피두 센터

퐁피두 센터는 드골De Gaulle 대통령 밑에서 문화상을 하던 앙드레 말로가 프랑스 현대 미술을 종합적으로 소개하기 위해서 건축 제안을 했고, 드골 대통령을 이어 다음 대통령이 된 조르주 퐁피두1969~1974가 결정해서 건축을 시작한 끝에 다음 대통령 지스

알렉산더 칼더의 조형물

카르 데스탱Giscard D`Estain 시대인 1977년 1월 31일 준공한 건물이다. 프랑스 역대 대통령 3대가 파리를 세계적인 예술 도시로 돋보이

기 위하여 20여 년 동안 대를 이어 이의 없이 협력해서 이룬 초현대식 건물이다.

프랑스에 있는 모든 역사적인 건축물이 다 그렇듯이 훌륭한 건축물이나 기념 건물은 건축을 시작해서 빠르면 몇 년 혹은 몇십 년, 어떤 석조 건축물은 몇백 년 동안의 오랜 시간을 들여서 완공한 것들이다. 시작을 했던 장본인에 의해서 당대에 완공한 건물은 거의 없다. 중요한 건물은 모두 정치적 혹은 다른 이유로 도중 중단도 있었지만, 몇 세대를 이어 설계자들이 바뀌고 정치권력이 바뀌면서도, 처음의 좋은 뜻을 끝까지 존중했던 후대 사람들에 의해서 완공을 보았던 건물들이다.

놀기 좋아하고, 포도주와 커피를 즐기는 프랑스 사람들이지만 그들의 마음속에는 누구도 부인하지 못하는 투철한 역사의식과 예술을 사랑하는 열심 덩어리가 있었기에 오늘의 프랑스를 만든 것이다. 프랑스를 처음 방문하는 사람들은 이런 프랑스인의 자존심을 피부로 느끼고 어떤 때는 약간의 거부감을 느끼기도 하지만, 오히려 인류의 더 좋은 미래를 위해서 수많은 인류의 문화유산을 유지하며 버티고 살아온 이곳 사람들의 생각을 끝내 이해하게 된다. 여행객들은 누구나 가질 수 있는 다른 나라 국민의 장점에 대한 시기나 질투나 반감을 버리고, 세상을 더불어 사는 세계인의 한 사람으로 그들을 존경할 수 있을 때 진정한 여행의 기쁨을 느낄 수 있다.

퐁피두 미술관은 처음 건축할 때 세 가지 용도로 쓰기 위해서 설계했다. 하나는 파리 시의 부족한 공공 도서관으로 일부를 쓰고, 다음은 프랑스의 현대 미술품을 전시하는 전시장과 공연장으로 큰 부분을 할애했다. 그리고 마지막 부분은 프랑스 문화에서 유독 약점인 음악과 음향 연구 센터를 이곳에 추가하기로 했던 것이다.

우리는 아침 일찍 도착해서, 개관 시간인 10시를 기다리며 주변

앙리 마티스의 작품 앞에서 오른쪽 아래는 엔디워홀의 작품

퐁피누센타의 식당

카페에서 커피를 한 잔 더했다. 마침 가는 날이 장날이라고 퐁피두
센터는 프랑스 인상파의 거두 앙리 마티스Henri Matisse의 작품을 특별
전시하고 있었다. 그의 대표적인 작품이 한 자리에 모여 현란한 빛
을 발하고 있었다. 특별히 눈에 띄는 것은 거장 마티스가 인물, 정물

을 가리지 않고 한 주제를 대상으로 여러 가지 그림을 그린 것을 보았다. 한 주제이지만 구도와 색상을 다르게 하고, 어떤 것은 강렬한 인상파 수법을 그리고 다른 것은 자연주의 수법이나 추상까지 넘나들며 여러 형태의 작품을 만들었다. 그는 한 가지 주제를 가지고 여러 가지 수법을 실험한 듯했다. 어떻게 보면, 실험이라기보다는 자신의 내면에 있는 다채로운 감정을 여러 방식으로 표현했던 것이다. 우리는 작품을 비교해보며 한 가지 놀라운 사실을 발견했다. 같은 주제의 여러 그림이 다 우열을 가리기 힘들 만큼 아름다웠다. 정말 예술은 장르를 떠나서 우선 "아름다워야 한다"는 르누아르Renoir의 말이 실감났다.

풍피두 센터에는 맨 위층에 큰 대중식당이 있다. 우리는 그곳에서 늦은 점심을 하고 밖으로 나왔다. 남은 시간은 파리 시내 백화점을 들러서 필요한 물건을 보충하는 시간으로 잡았다.

파리 벼룩시장은
무엇을 팔까?

● 파리의 명물, 벼룩시장Marche aux Puces

　오늘은 토요일. 우리는 파리 관광에서 꼭 보아야 할 한 중고품 시장을 가보기로 했다. 흔히 이곳 사람들이 벼룩시장Marche aux Puces이라고 부르는 중고품 판매 시장이다. 오래된 물품이다 보니 가끔 이나 벼룩이 튀어 나온다는 뜻에서 처음에는 벼룩시장이라는 이름이 생겼지만 지금은 역사 깊은 프랑스의 온갖 골동품을 사고파는 특별한 시장이 되었다. 일반적인 시장과는 다르게 이 시장은 보통 주말과 월요일에만 열린다. 파리를 방문하는 사람들이 주중에 박물관이나 역사적인 유적을 찾아보고 나서 주말이나 월요일에 조금 더 한가

롭게 이곳을 찾아 망중한을 즐기고 좋아하는 물건을 사는 곳이 되었
다. 벼룩시장은 세계 어느 나라에나 다 있고 그 종류도 다양하지만,
파리 18구에 있는 클리낭쿠르Clignancourt 벼룩시장은 프랑스뿐만 아
니라 세계에서 규모가 제일 크고 오래된 중고품 시장이며 진품을 포
함해서 가짜 골동품도 적잖이 거래되는 시장이다. 호기심이 많은 여
행객들은 당연히 조심도 해야 하는 시장이기도 하다.

　　파리의 벼룩시장은 허름한 옷가지부터 고급 가구며 비싼 골동품에 이르기까지 다양한 물건을 파는 시장이다. 시장이 열리는 날이면 프랑스를 방문한 외국 사람들은 물론 파리 시를 방문하는 지방 사람들이 몰려드는 곳이다. 일 년에 약 일천 만 명이 넘는 방문객이 이곳을 찾는다는 기록이다. 그리고 파리를 방문하는 세계 유명 인사들이 빼놓지 않고 들르는 곳이기도 하다. 각자 취미에 따라서 가구나 골동품 시장을 가는 사람, 다양한 시대의 그림을 내놓고 파는 그림 시장을 찾는 사람, 또 역사가 남긴 특이한 장신구나 장신구 부품을 찾는 사람 등을 위해서 이곳에는 12개도 넘는 여러 시장들이 분산되어 있다. 시장 규모 역시 굉장하다. 7헥타르가 넘는 큰 지역에 2천 5백 개나 되는 상점이 빽빽하게 문을 열고 있다.

우리도 입구에 즐비한 의류나 가방, 구두 상점을 빠져 나와 시장 중심에 있는 가구와 장식품 시장과 그림을 파는 비롱 시장Marche de Biron을 둘러보며 유유하게 한나절을 보냈다. 우리가 보지 못하던 프랑스의 화려한 가구며 아름다운 그림들이 상점에 질펀했다. 방문객들은 물건을 사지 않더라도 눈 구경을 하는 것만으로도 충분히 즐거워한다.

파리는 오랫동안 전쟁 피해를 겪지 않았던 몇 안 되는 유럽의 큰 도시 가운데 하나이다. 2차 세계대전 때도 전쟁 와중에 불가피한 파괴를 두려워해서 프랑스는 독일군이 파리 시를 무혈 입성하도록 전쟁을 피했고, 히틀러가 망할 때도 그는 독일 점령군 사령관에게 철수하기 전에 도시를 파괴하라는 명령을 내렸지만 독일 사령관은 그 명령을 거부했다. 파리를 파괴하는 짓은 역사에 죄를 짓는 것이라고 모든 것을 놔둔 채 후퇴했던 독일 장군의 얘기가 오래 전에 영화로 등장했던 일이 있었다. 물론 이전에도 프랑스는 큰 전투나 전쟁이 있을 때는 인류의 중요 문화재로 가득한 이 지역을 피하도록 노력했었다. 파리가 지금까지 전화를 피했던 이유이다.

프랑스의 중요한 문화재인 베르사유궁전도 1789년 대혁명 때 큰 시련을 당했다. 1789년 10월 5일 성난 시민이 베르사유궁전 안까지 들이닥쳤다. 루이 16세를 튈르리궁에 감금하고 자칫 세계에 둘도 없는 궁전이 무서운 파괴를 당할 위험한 때였지만, 혁명을 주도했던 지도자들이 나서서 분노로 폭력적이었던 시민군을 설득해서 건축물 파괴를 최소한으로 막았던 역사적인 사건이 있었다.

그래서 파리는 골동품과 역사적인 미술품이나 가구, 장식구가 넘치는 도시이다. 너무 흔하기 때문에 그곳에 사는 사람들이나 수많은 방문객들이 엄청난 가치를 화폐로 환산하지 않고 흔히 범상한(?) 물건으로 보며 욕심을 버리고 마음에 평화를 유지하며 산다. 만일 그 가치를 일일이 따지고 화폐로 측량한다면, 어떤 이는 천문학적인 가치에 놀란 나머지 신경쇠약에 걸리거나 또는 심각한 부족감이나 무력감으로 고통을 받거나 하겠지만 파리 시민은 늘 평상대로 잘 살고

끄리낭꾸르Clignancourt, 생 꾸앙Saint-Quen의 벼룩시장

있다. 문화는 욕심이나 욕구와는 다른 아름다움과 조화를 사랑하는
마음에서 태어난 자연스런 유산이고 소유는 아닌 것이다.

  사람은 아름다운 것을 그것으로 만족하지 못하고 그것에 엄청
난 가치나 부로 환산해서 소유욕을 자극하고 자신은 물론 다른 사람
을 곧장 시험에 빠뜨리게 한다. 내가 파리지앵Parisian을 좋아하는 이
유는 바로 그들은 아름다운 것을 있는 그대로 보고 즐기는 사람들이
고, 지나친 선망이나 소유욕으로 스스로 갈등하지 않는 점이다. 파

리는 수도 없이 많은 박물관을 가지고 있고 중요한 것들은 다 이들이 모아서 관리하고 일반 사람들에게 늘 공평하게 보여주고 있다. 오늘도 세계 여러 나라에서 온 사람들이 이곳저곳 다니며 프랑스의 옛 가구나 화려한 전 세대의 미술품이나 장식품 등을 보며 혹시 마음에 드는 것이 있나 열심히 살피며 다닌다.

우리도 시장 안을 어슬렁거리며 다닌 지 벌써 두세 시간이 훌딱 지났다. 슬그머니 시장기가 느껴졌다. 벼룩시장 안에는 오래된 음식점이 여기저기 있다. 우리는 빌랑 시장에 있는 빌랑 식당Brasserie de Bilan이라는 오래 된 식당에 가서 현지 장사꾼들이 즐겨 먹는 구운 닭고기와 채소를 시켜서 늦은 점심을 맛있게 먹었다.

생 꾸앙Saint-Quen의 벼룩 시장

13

퐁네프의 교인들

- 파리의 '퐁네프'Pont Neuf 교회
- 몽소공원Monceau Parc 등 산책

파리 여행 중 두 번째 맞는 주일이었다. 우리가 묶고 있는 아파트 부근에 최근 개설한 '퐁네프'Pont Neuf 한인 교회를 찾아 가서 일찍 예배를 드렸다.

퐁네프Pont Neuf라는 말은 '새로운 다리'라는 뜻으로 파리 시를 크게 동서로 관통해서 흐르는 센Seine강을 건너는 수많은 다리 가운데 하나이다. 파리에 유학생으로 온 한국 젊은이들이 주로 모이는 이 교회는 이곳 16구로 이전하기 전에 '퐁네프' 다리 부근에 있었기 때문에 유명한 다리 이름을 교회의 이름으로 사용했다. 그 후 교회를

아름다운 퐁네프 다리

이곳으로 옮기고 나서도 '퐁네프'라는 이름이 좋아서 교회가 그 이름을 그대로 사용하고 있다고 했다.

'퐁네프'는 직역하면 '새 다리' 혹은 '신축 교량'이란 뜻이다. 퐁네프 교회는 이들 젊은 사람들이 프랑스라는 이질 문화 속에서 한 주간을 열심히 살다가 세상 일을 잠시 멈추고 편안한 마음을 가지고 모이는 교회였다. 주일은 그들에게 특별한 날이었다. 한국에서 온 젊은이들이 그들의 애환을 아시는 하나님께 이국 땅에서 내려주신 한 주간의 은혜를 감사하며 예배를 드리는 날이었다.

하나님이 다음 세대를 이어갈 새로운 다리로 그들을 부르고 또 사명을 전하시는 교회라는 의미로 '퐁네프'라는 이름을 사용하는 듯 했다. 현재와 미래를 잇는 새 다리, 혼란을 더해 가는 세상과 영원한 진리의 나라를 잇는 튼튼한 석조 교량으로 젊은이들을 부르시는 하나님의 의중이 은연중 엿보이는 교회였다.

몽소공원의 아름다운 다리

　젊은이들과 함께 예배를 드리고 나서 그들이 손수 준비한 단출한 점심까지 대접을 받고 우리는 교회를 나섰다. 파리 여러 곳에서 각종 음식을 먹었지만 어느 음식점에서 먹는 점심보다 맛있게 먹은 점심이었다.

몽소공원 Parc Monceau

우리는 예배를 마치고 개선문까지 지하철을 타고 와서 부근에서 내려 천천히 샹젤리제 대로를 따라 걸었다. 어디든지 주일 아침 시간은 평소와는 반대로 한가했고 평화로웠다. 우리는 파리 시내 중심부에 있는 조용한 공원 한 곳을 찾아 쉬면서 지내기로 했다. 오래 전 우리가 파리에 살 때 아이들을 데리고 자주 갔던 몽소공원Parc de Monceau이 개선문에서 가까운 8구에 있었다.

몽소공원은 프랑스의 전통적인 공원과는 달리 영국적인 멋을 풍기는 공원으로 1778년 루이 16세의 조카였던 샤르트르 공작Duke de Chartres에 의해서 조성된 공원이다. 공원은 약 20에이커의 땅에 둥근 천장을 가진 홀Rotunda을 입구에 세우고 안에는 풍차를 옆에 둔 연못과 로마식 대리석 회랑 그리고 이집트 피라미드 등 여러 볼거리를 만들어놓았다. 세월이 지나며 몽소공원은 주민들이 자유롭게 찾아 쉬는 시립 공원이 되었고 또 공원 안에 여러 명의 예술가들의 초상을 세우고 한 옆에 어린이 놀이터도 만들었다. 걷다 보면 모파상Guy de Maupassant, 알프레드 뮈세Alfred de Musset, 구노Gounod, 쇼팽Frederic Chopin 등 유명한 작가들의 동상을 만나게 된다.

우리는 이 몽소공원에 조금 특별한 애정을 갖게 되었다. 그 이유는 우리가 처음 파리에 도착해서 셋집을 얻은 곳이 이곳에서 멀지 않은 곳이었다. 말도 잘 통하지 않고, 아는 사람도 없는 곳에서 7살, 3살짜리 나의 두 딸이 엄마 손에 잡혀서 곧장 놀러 나갔던 곳이 바로 이 공원이었다.

공원에는 그때와 같이 엄마 손에 끌려 나온 아이들이 회전목마와

몽소공원의 아름다운 전경

그네 터에 놀고 있었다. 아이들 엄마가 동전을 넣으면 목마가 제자리에서 위 아래로 끄떡이며 달리는 시늉을 냈다. 시간이 차면 목마는 멈췄고 아이는 동전을 하나 더 넣어달라고 엄마를 불렀다. 엄마는 아쉬워하며 뒤를 돌아보는 아이의 등을 토닥거리며 또 다른 놀이터인 그네 쪽으로 무대를 옮기며 놀았다.

우리는 전에 있던 그 자리에 있는 손잡이가 반질반질 닳은 목마와 낡은 그네를 확인하고 정신없이 빠르게 변하는 세상에서 40년 넘게 전혀 변하지 않는 공원의 모습에 신기한 마음이 들었다. 누구보다 유행을 사랑하고 좋아하는 프랑스인이지만 전통이나 문화유산도 똑같이 존중하는 성숙한 사람들의 모습을 보는 듯했다.

우리는 공원 여기저기를 찾아 보고 또 쉬면서 오후의 한 때를 보내고 이른 저녁을 공원 입구 건너 편에 있는 돔Dome이라는 식당에서 스파게티와 오리 고기를 주식으로 그리고 전식으로는 프랑스의 독특한 입맛을 대표하는 달팽이Escargots 요리를 시켜서 맛있게 나누어 먹었다. 대중식당이지만 주의해서 고르면 무엇이나 프랑스 음식은 전통과 고유한 맛이 있었다.

14

그곳에 가면
모나리자를 만날 수 있다

● 루브르박물관 Musee de Louvre

　루브르박물관은 프랑스는 물론 세계 여러 나라에서 가져온 역사적 예술품을 모아서 보존하고 일반에게 전시하는 곳으로 가장 유명하고 큰 박물관이다. 건물은 루이 왕조가 사용했던 옛 왕궁을 개조한 대형 박물관이다. 세계 어느 곳보다 많은 예술작품을 고대에서 근세에 이르기까지 수집하고 보존하면서, 왕궁이었던 박물관을 끊임없이 확장하고 시설을 늘려서 예술품 전시장으로 세계에서 단연제일의 명성을 확보한 프랑스의 자랑거리이다. 처음 루블 왕궁을 짓

루브르박물관의 유리 피라미드

기 시작한 때는 12, 13세기로 여러 왕조와 근세 나폴레옹 시대의 중
축과 개조를 통해서 오늘의 모습을 갖추었다.

우아한 궁전 박물관은 파리 1구 센Seine강 우안오른쪽 강변에 널찍
하게 자리 잡았고 그 옆 인접한 튈르리 공원Jardin de Tuilerie에는 오랑
주리 미술관Musee de L'Orangerie과 인상파와 후기 인상파의 작품을 전
시하고 있는 죄드폼Jeu de paume이라는 이름의 현대 미술 전시관이 있
다. 그리고 콩코드 광장이 바로 인접해서 시작한다. 죄드폼이라는 현대 미
술 박물관 이름은 17세기 프랑스 왕궁 귀족들이 그곳에서 오늘의 테니스 비슷한 운동인
죄드폼을 했다고 해서 부쳐진 이름이다

루브르박물관은 가치를 어림할 수 없는 38,000여 점의 그림, 조각, 공예품 등 각종 예술품 외에도 고고학적 가치가 있는 고대 유물들을 4층으로 구성된 전시관 안에 소장하고 있다. 방문객이 이곳 박물관이 소장한 예술 작품을 일별하며 천천히 돌아 전시관 전체를 둘러보려면 보통 한 달이 넘어야 한다는 것이 전문가들의 얘기이다.

박물관 입구에는 중국계 미국인 건축가 페이I. M. Pei가 설계하고 1989년 완공한 유리 피라미드Glass Pyramid가 있고 모든 방문객들은 그곳에서 궁 안으로 들어간다. 철제 구조물인 에펠탑을 세울 때 주로 석조 건물인 파리 시의 전통과는 다르다는 이유로 많은 비판을 받았던 것과 비슷한 이유로 천재 건축가 페이가 세운 초현대식 유리 피라미드 건물은 처음 설립 당시 또한 여러 층에서 비판의 대상이 되었으나 지금은 루브르박물관의 또 다른 볼거리가 되었다. 입구를 지나면 박물관은 세 부분으로 크게 나누어진다. 박물관의 모든 소장품은 크게 세 부분으로 나누어 부분 별로 전시하고 있고 입구에 각 전시실을 가는 길이 나타난다.

연간 수백만 명의 방문객들을 맞는 박물관은 하루에도 수만 명의 사람들로 늘 붐빈다. 누구도 이곳에 있는 모든 작품을 자세히 보는 것은 거의 불가능하고 또 어느 곳을 집중적으로 오랫동안 보는 것도 밀려드는 방문객들로 인해서 매우 어려운 일이다. 방문객들은 아무래도 자신의 취향과 목적에 따라서 제한된 시간에 볼 것을 미리 생각해두고 몇 점 혹은 한 점의 작품이라도 요령껏 보고 나오는 것으로 만족해야 한다.

지금까지 여러 전문가들이 조사한 자료는 이곳에서 방문자들이 꼭 보고 싶어 하는 작품은 의외로 몇 점의 미술품이다. 첫째는 레오나르도 다빈치 Leonardo Da Vinci가 거의 평생을 간직하며 그렸으나 '미완성'이라는 딱지가 붙은 불후의 명작 〈모나리자〉Mona Lisa이고, 다음은 고대 그리스의 아름다운 조각, 밀로의 비너스 상Venus de Milo과 2층으로 오르는 계단 높은 곳에 날개를 달고 나르는 〈사모트라케의 승리의 여인

사모트라케의 승리의 여인상

상〉Winged Victory of Samothrace이다. 많은 사람들이 여기에 밀레의 〈만종〉을 추가한다.

아무도 만인이 몰려 찾는 예술품 앞에서 밀려드는 인파에 신경을 끄고 오랫동안 머물며 감상할 용기는 없다. 다만 세계의 보물 창고를 방문하고 직접 목표했던 예술 작품을 보았다는 사실 하나로 만족하고 자리를 비켜줄 수밖에는 없다. 모든 방문객들이 거의 떠밀려 다니는 매우 복잡한 박물관에서 보는 명화 한 점은 그런대로 누구에게나 편한 마음을 부어주기에 부족함이 없다. 그들의 마음에 루브르 박물관 방문을 기념하는 표적으로 오래 남을 듯했다.

루브르박물관의 상징,
'레오나르도 다빈치'와 〈모나리자〉 초상화

레오나르도 다빈치Leonardo da Vinci는 르네상스를 대표하는 예술가이고 사상가이고 과학자다. 누구도 그의 천재성과 시대를 뛰어넘는 거장의 모습 앞에는 겸손해질 수밖에 없다. 그가 말년 바티칸 교황의 총애를 잃고 나서 1516년 프랑스의 프란시스 1세의 초청을 받아 이태리 밀라노에서 프랑스 중부 루아르Centre Val de Loire에 있는 앙부아즈Amboise로 옮겨왔다. 그는 프란시스 왕이 거처하던 앙부아즈 왕궁에서 몇백 미터 떨어진 클로 뤼세성Chateau de Clos Luce에서 기숙하며 왕궁 건축에 참여했다. 그때 다빈치는 스트로크Stroke로 이미 오른손은 마비가 왔고 그 후 1519년 5월 2일 프랑스 왕이 지켜보는 가운데 67세의 나이로 그곳에서 숨을 거두었다.

그가 밀라노에서 프랑스로 오면서 가지고 온 세 개의 그림 가운데 하나가 바로 〈모나리자〉Mona Lisa 초상화였다. 그러나 그는 도착한 지 얼마 되지 않아서 찾아온 오른손의 마비로 더 이상 그림 작업을 할 수가 없었다. 사람들은 이런 이유로 천재의 걸작을 '미완성' 작품이라고 감히 사족을 달았다. 그림 전문가들이 지금까지 이 걸작에 무엇을 더 그려야 하는지를 찾지 못했고 화려한 경력과 천재를 자랑하며 살았던 다빈치가 이 그림에 무슨 사연을 숨겼길래 먼 길인 프랑스까지 가지고 와서 옆에 두고 살았는지 그의 작품을 연구하며 일생을 보내는 역사학자들 역시 짐작조차 못 하고 있다.

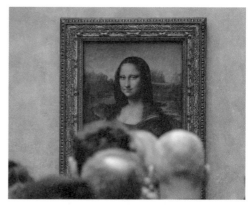

모나리자

레오나르도 다빈치라는 예술의 천재는 67세의 일생을 살고 죽었으나 그가 필생을 다해 그리고 완성하려고 했던 〈모나리자〉는 5백 년이 지난 오늘도 예술의 도시 파리에서 펄펄 살아서 루블 궁전에 수많은 사람들을 수수께끼 같은 미소로 맞고 있다. 그가 완성하려던 것은 무엇일까? 그가 그림을 평생 간직했던 사연이 있을까? 모든 것이 미궁인 가운데 추측들만 난무했다.

자신이 추구했던 예술 속에 완성하고 싶은 '영원한 생명'과 그 숨결이 아니었을까? 늘 고독했던 그의 인생과 영혼 깊은 곳에 함께 살았던 주님의 온전한 모습을 여인 〈모나리자〉의 초상 속에 심어주려고 했던 것은 아닐까 생각하며 우리는 루브르박물관을 밀려 다녔다. 우리는 늦은 점심을 박물관 구내식당에서 먹으며 장 프랑스와 밀레의 걸작 〈만종〉 등 몇 점의 작품을 더 보면서 거의 하루를 그곳에서 지냈다.

137

15

묘지공원에서
잃어버린 시간을 찾아

• 파리 공동묘지Cimetiere du Pere-Lachaise 페르라셰즈

우리는 파리에 오래 살고 있는 후배 C의 제의로 시내 20구에 있는 페르라셰즈Cimetiere du Pere-Lachaise 라는 공동 묘지를 가보기로 했다. 파리 시내에는 여러 곳에 공동묘지가 있지만 그 가운데 가장 오래된

공동묘지로 1800년부터 파리 시민이 묻히기 시작한 묘지였다. 우리를 태운 차는 파리 20구에 있는 바스티유 광장La Place de Bastille의 청동 탑을 돌아서 묘지 입구로 들어섰다. 바스티유 감옥은 프랑스 대혁명의 도화선이 되었던 악명 높은 감옥이었지만 지금은 악명을 역사에 묻고 대신 아름다운 청동 기념비가 높게 선 광장이 되었다.

날씨가 좋아 파리 시는 온통 화창한 햇살이 넘쳐났다. 우리는 페르라셰쉐즈 공동묘지 북쪽 출입문에 도착했다. 프랑스의 유명 작가와 음악인, 정치인 등이 다수 묻혀 있어서 수많은 추모객들의 발길이 연중 끊이지 않는 이곳은 1803년 건축가 부로니아르Alexandre Theodore Brongniart가 세계 최초로 정원식 묘지로 설계한 도심 속의 공동묘지였다.

공동묘지는 으레 주택지에서 멀리 떨어져 있는 외딴 곳에 죽은 사람들의 시신을 묻는 곳이었다. 그러나 이런 통념을 깨고 도심 속에 잘 정리된 공원을 조성하고 누구에게나 공평한 규칙을 정해서 아무나 원하면 묻힐 수 있는 묘지를 만든 것이다. 이곳 묘지의 규정은 누구를 막론하고 묻힐 땅의 크기는 반 평이고, 더

이상 수평으로는 여유 공지를 허락하지 않고 단지 수직으로는 유족들의 요구나 형편에 따라서 아름다운 조각이나 비석을 세워서 고인들을 기리도록 정해서, 누구나 죽어서는 공평하게 분배된 땅에 묻히도록 정해놓았다.

자유Liberte, 평등Egalite 그리고 박애Fraternite는 1789년 프랑스 대혁명의 주제였다. 봉건 왕조와 귀족들의 사치와 부패의 종식, 그리고 사회 계급간의 차별 없는 평등을 세계에 선포한 혁명이었다. 미국은 바로 이 정신을 〈독립 선언서〉에 고스란히 담아 당시로는 이상적인 독립 국가를 신대륙에 세웠던 것이다. 햇살이 반짝이는 공원묘지는 방문객들에게 마치 가까운 공원으로 산책을 나온 듯한 느낌을 주었다. 이곳저곳에 아름다운 꽃과 조각상 그리고 조그만 대리석 비석들이 꽉 들어차 있었다.

묘지 정원은 약 44핵타르의 넓은 땅을 97개의 단지로 나누고 단지를 잇는 곧게 뻗은 길들이 거미줄 같이 연결되어 있었고 단지 번호와 교차하는 길이 바로 고인들이 묻힌 지상 주소가 되었다. 정원 안에는 현재 64만 개의 분양묘소가 있고, 그 안에 약 100만 개의 유해가 안치되어 있다.

우리는 이곳에 묻힌 명사들 가운데 귀에 익은 쇼팽, 몰리에르, 피사로, 발자크 등의 무덤을 발길 닫는 대로 찾아보며 아름다운 정원에서 반나절을 보냈다. 연고가 있어서 찾는 가족이나 지인들이 많

파리 공동묘지에서 조각상

이 있지만 연고가 없어도 주변에 사는 주민들이나 우리처럼 흥미가
있어서 방문하는 사람들도 많은 듯했다. 생전에 함께 얘기를 나누지
못했어도 이곳에서는 마음대로 묻힌 명사들 앞에서 사진을 찍고 말
을 붙이고 하는 것을 막는 사람이 없었다. 그들은 우리가 무슨 말을
해도 조용히 듣기만 했다. 과격한 말은 스스로 고치기를, 이치에 맞
지 않는 말은 스스로 깨닫고 취소하도록 기다려주었다. 아마 천국의
평화로운 모습 가운데 하나일 듯했다.

묘지를 나오다가 85단지 앞에서 발길을 멈췄다. 길목에 세운 간
판에는 학생 때 깊은 인상을 주었던 마르셀 프루스트Marcel Proust가
바로 85단지에 잠들고 있다는 표식이 나왔다. 나는 잠시 발길을 멈
추었다. 내가 얼마 동안 그곳에서 그의 묘를 찾았지만 허사였다. 단
지가 상당히 커서 아는 사람이 아니면 선뜻 찾기가 쉽지 않았다.

우리는 다시 발길을 돌려 정원 밖으로 나가서 한 카페에 자리를
잡고 커피를 시켰다. 어느 사이, 나는 그의 대표적 작품인《잃어버린
시간을 찾아서A la recherche du temps perdu》라는 장편 소설책의 매혹적
인 책 제목에 그냥 빠져들었다. 프루스트는 7권이나 되는 이 장편 소
설을 1909년 쓰기 시작해서 1922년 죽을 때까지 13년 동안 계속해
서 썼다. 그는 1871년생이니까 고작 50년 짧은 인생을 살았다.

아무도 지금까지 내 주위에서 그의 장편 소설을 완독했다는 사람
을 본 일이 없다. 나 역시 읽기가 쉽지 않았던 까닭에 책 제목이 암

시하는 큰 매력만 기억하고 있을 뿐이다. 그는 현대 심리학의 아버지라고 부르는 지그문트 프로이트Sigmund Freud, 1856~1939와 함께 한 시대를 살며 고전 문학의 틀을 깨고 인간의 끝도 밑도 없는 무의식 세계를 개척한 20세기 최고의 작가 가운데 한 사람이라는 평을 오래 전에 들었다.

　사람은 누구나 '잃어버린 시간'을 얼마쯤 갖고 살게 되고 나이가 들면서 그것이 더 늘어나는 것이 보통이다. 인생을 살면서 보고 듣고 느꼈던 온갖 사건과 그에 대한 감정은 시간이 지나면 의식 속에서 사라지고 곧 잊어버린다. 그러나 그 기억이 모두 없어지는 것이 아니고, 무의식이라는 잠재의식 속에서 잠을 자다가 어떤 경우에는 의식 속으로 깨어나 시간을 초월해서 현실 사건과 얽히고 섞인다고 한다. 이런 때는 자칫 과거의 생각이나 경험이 현실을 부인하거나 변형해서 또 다른 큰 사건이 터지는 불쏘시개가 된다. 마르셀 프루스트는 이 작품을 쓰면서 그의 후반기 전 인생을 살았고 그의 작품은 이런 그의 인생 얘기가 되었다.

나도 조그만 잔에 반쯤 밖에는 차지 않는 새까만 에스프레소 카페를 아주 조금씩 음미하며 잠시 '나의 잊어버린 시간'을 반추했다. 그리고 자연스럽게 우리는 서로의 '잃어버린 시간'을 기억 속에서 풀어내서 얘기하는 사이, 시간이 흐르고 날은 저물어 이미 어둑해졌다. 우리가 떠날 시간이 되었다. 저녁은 멀지 않은 곳에 양고기를 전문으로 요리하는 음식점이 있다고 해서 그곳을 찾아 가기로 했다.

16

센 강변 산책의 즐거움

- 센Seine 강변
- 로댕Rodin의 옛집

우리는 이번 여행에서 파리 여행의 새로운 즐거움 한 가지를 우연히 찾아냈다. 우리가 묵고 있는 호텔은 길 하나를 사이에 두고 센Seine 강변에 거의 붙어 있었다. 아침 일찍 일어나 그르넬 다리Pont de Grenelle로 가서 작은 〈자유의 여신상〉이 서 있는 센강 중간에 있는 길쭉한 섬을 걷기도, 뛰기도 하며 왕복하는 새벽 운동 겸 산책이었다.

센강의 중간 부분에 흙을 쌓아 만든 인조 섬은 그르넬 다리에서 시작해서 비르아켐 다리Pont de Birhakeim까지 약 1km 정도의 길이에 폭이 11m가 되는 작은 섬으로 강을 두 쪽으로 나누었다. 2백 년 전에 조성한 이 작은 섬은 가운데 산책로가 나 있고 길 양 옆으로 세계 여러 나라에서 가져온 나무들이 도열하고 있는 작은 길 L'allee이 있다. 미국이 원산지인 참나무와 레드우드 그리고 캐나다의 붉은 단풍나무, 멋없이 삐쭉 자란 이태리의 포플러 나무 등 여러 나라에서 가져온 많은 종류의 나무들이 자라고 있었다. 그들이 아침 일찍 산책로를 걷는 방문객들을 맞으며 그들의 얼굴에 시원한 강바람에 청정에너지를 섞어서 마구 뿜어 주고 있었다.

센느 강변 백조의 길 입구 간판

첫날은 나 혼자 탐색 겸 산책을 나갔다. 미국에 사는 프랑스인들이 기증했다는 축소판 〈자유의 여인상〉 앞에는 작은 공간이 있어서 가벼운 체조로 몸을 풀기에 안성맞춤이었다. 우리 일행은 다음 날부터는 모두 아침 7시에 호텔을 나와서 이곳에서 가벼운 운동과 산책을 나가기로 했다. 나는 오래전에 파리에서 수 년을 살았지만 이렇

147

비르아켐 다리

게 센강을 따라 새벽 산책을 즐기는 방법을 꿈도 꾸지 못했다. 아침
부터 밤까지 일하고 정신없이 바쁘게 살았을 뿐 이런 문화생활과는
거리가 멀었던 내 삶의 한 토막이었다. 돌이켜 보면 '젊은 시절 좋은
날들'이었지만 지금은 '잃어버린 시간'이 되었고 할 수만 있다면 도
로 '찾고' 싶은 시간이 되었다.

　이때부터 우리는 아침 7시에 호텔 로비를 나와서 센강 산책을 함
께 나갔다. 각자 가벼운 운동을 작은 〈자유의 여신상〉 주변에서 하고

〈백조의 길〉L'Allee des Cygnes이라고 부르는 긴 산책로를 걸어서 비르 아켐 다리까지 갔다. 그곳에서 해돋이를 맞고 있는 거창한 에펠탑을 한참 동안 감상하고 다시 강변길을 걸어서 호텔로 돌아왔다. 우리의 심신이 10년은 새로워지는 느낌이었다.

뫼동Meudon의 로댕 집

우리는 주일 예배를 드리고 나서 인근에 있는 한국 식당인 '고향' 식당에서 C 부부와 함께 점심을 먹었다. 그리고 C의 권유로 프랑스의 조각 거장 로댕 Auguste Rodin이 오래 살면서 작품을 만들었던 뫼동 Meudon에 있는 집지금은 박물관으로 가서 그의 작품과 습작들을 보기로 했다. 사람들이 많이 찾는 시내 16구에 있는 로댕박물관은 이미 가보았기 때문에

로댕박물관 앞에서

로댕박물관 로댕의 습작품들

이번에는 로댕이 오래 살면서 아틀리에로 사용하던 넓은 저택을 가 보는 것이다.

뫼동, 그가 살던 집에는 그의 걸작인 〈생각하는 사람〉과 〈지옥문〉 의 여러 습작이 전시되어 있었다. 그리고 로댕이 당시 프랑스 문화 계를 지배하던 거장 빅토르 위고Victor Hugo의 강력한 권유로 소설가 발자크Balzac의 동상을 만들기 위해서 그가 제작했던 여러 소상들과 또 그가 직접 그린 수많은 데생Dessin들이 있었다. 이미 대가의 경지

로댕 박물관 앞에서

에 올랐던 로댕이 한 작품을 만들기 위해서 보여준 눈물이 날 정도
의 놀라운 노력의 흔적들을 보면서 아무리 능력이 뛰어난 작가라도
이런 노력이 없이는 걸작이 나올 수가 없다는 생각이 절로 났다.

그가 말년까지 수집했던 그리스의 고대 작품들과 당대의 화가들
이 그린 작품이 또 한 방에 가득했다. 끊임없는 탐색과 연구였다. 우

리는 천천히 박물관을 보고 귀로에 프랑스 걸작 도자기Porcelain 박물관에 들렸지만 수리 중이라서 볼 수가 없었다. 조금 아쉽지만 어쩔 수 없었다. 우리는 호텔 부근에 있는 한 복합 상가에서 중식으로 간단히 저녁을 먹었다.

4부

PARIS

다시
파리 근교를
방문하며

그림 같은 중세
성체를 마주하다

- 파리 교외,
- 그림 같은 중세 성 샹티이성Chateau de Chantilly

프랑스에 오래 살고 있는 후배 K가 우리가 왔다는 소식을 듣고 연락이 왔다. 그들 부부와 우리 일행이 하루 시간을 내서 파리 근교에 있는 고성 하나를 방문하고 또 가족들과 함께 저녁을 먹자는 얘기였다. K부부는 잘 어울리는 부부로 나와 오랫동안 함께 파리에서 일을 했다. 호인 타입에 통통한 그의 얼굴과 얌전한 부인의 미소가 보고 싶던 터에 반가운 연락이었다. 우리는 시내 오페라하우스 전면에서 서로 만나기로 했다. 엄청난 방문객들이 찾아오는 오페라하우스 정문의 돌층계 밑에는 버스나 일반 승용차가 승객들을 태우고 내리도록 잠시 주차하는 공간이 있다. 우리는 그곳에서 만나기로 했다.

드디어 반갑게 만난 우리는 승용차 두 대에 분승을 하고 '중세 프랑스의 고성'을 대표하듯 늘 사진이나 잡지에 흔히 등장하는 〈샹티이〉 성Chateaux de Chantilly을 가기로 했다. 파리 시에서 북쪽으로 약 50km 정도 올라가면 둥근 돔 위에 뾰족한 첨탑을 이고 있는 중세 시대의 아름다운 석성이 푸른 물이 흐르는 해자를 앞에 두르고 방문객들을 맞고 있다. 전형적인 중세기 유럽 석성의 우아한 모습은 멀리서부터 보는 사람들의 마음을 설레게 하기에 부족함이 없었다.

차를 주차하고 우리는 해자 곁에 한 발 한 발 다가섰다. 바쁘고 소란한 세상을 잊게 하는 고즈넉한 고풍이 눈을 사로잡았다. 그냥 잠시 시간이 그곳에 멈추었으면 좋을 듯했다. 누가 소리를 내면 철갑을 두른 기사가 말을 타고 창을 빗겨 든 체 곧 튀어 나올 것만 같았다.

샹티이성은 1,900에이커에 달하는 방대한 지역에 두 개의 큰 성채와 경마장이 달린 마구간으로 이루어졌다. 큰 성Grand Chateau과 작은 성Petit Chateau는 원래 1528년부터 축조를 시작했고, 1560년에 가서 큰 성에 이어 작은 성을 완공하고 두 성의 축조가 끝났다. 그리고

상티이성

두 개의 큰 성채와 경마장이 달린 마구간으로 이루어졌다

엄청나게 큰 마구간을 지었다. 말을 사랑했던 성주 콩데Conde 공작이 자신이 죽으면 말로 다시 태어날 것이라는 우스꽝스런 믿음을 갖고, 모든 상상력을 동원해서 멋있고 크고 화려한 마구간을 지었다는 설명이었다. 꿈이라면 좀 어린애 같고, 소망이라면 좀 치졸했지만 그가 역사에 길이 남는 아름다운 성을 건축했던 것은 분명하다. 모든 인간사가 그렇듯 어리석은 꿈에 대한 시비를 걸 것은 아니다. 아름답고 견고한 것은 오래 간다. 성 안에는 또 그림과 옛 문서를 보관한 유명한 장서실이 있었다.

입장을 하려던 우리는 철갑을 두른 기사 대신 난데없는 복병을 만났다. 그날이 월요일이었다. 프랑스에서 월요일은 공원이나 박물관이 모두 문을 닫는다는 사실을 또 깜박 잊었던 것이다. 우리가 떨어져 산 지 수십 년, 오랜만에 만나는 것이 너무 좋아서 우리나 K부부는 확인도 하지 않고 그대로 달려왔던 것이 문제였다.

우리는 전에도 몇 번 와 본 일이 있어서 섭섭한 마음을 가볍게? 떨쳐버렸지만 같이 온 처형 부부가 기회를 놓친 것이다. 그러나 앉아서 주변 경관을 즐기는 것도 좋을 듯해서 한적한 풀밭을 찾아 앉았다. K부부가 준비해온 삶은 계란과 사과를 먹으면서 마치 소풍 나온 학생들처럼 즐거운 시간을 보냈다. 그러는 사이에 어느덧 날이 저물었다.

우리는 저녁을 먹기 위해서 9구에 있는 한 식당을 좀 이른 시간이었지만 찾았다. 역사가 오랜 유럽 사람들이 다 그렇듯이 프랑스 사람도 전통을 몹시 존중한다. 이 식당은 음식은 물론 손님이 오면 음식 주문을 받는 것까지 일백여 년을1896년 개점 한 가지 묘한 전통을 고수하고 있었다. 음식 주문을 받으러 온 웨이터가 식탁만큼 큰 종이를 한 장 우리 앞에 펼쳐놓았다. 그는 종이 위에 우리가 원하는 음식을 차례대로 적고 그것을 둘둘 말아 가지고 갔다. 이 음식점은 어느 손님이 오든 이렇게 큰 종이 위에 손님들이 원하는 음식 이름을 적어서 안으로 가지고 간다고 했다.

음식이 나왔다. 음식이 좀 기름졌지만 전에는 이곳 음식이 다 그랬을 것이라는 생각을 하며 맛있게 먹었고 간결한 후식까지 먹었다. 웨이터는 우리가 음식 먹기를 기다렸다가, 처음 음식 이름을 굵은 펜으로 갈겨썼던 큰 종이를 다시 가지고 나와서 우리가 먹은 음식 그릇과 포크 나이프 등을 담은 후에 우리가 보는 앞에서 처음 썼던 음식이름 옆에 가격을 적고 계산서를 만들었다. 그는 연필로 한참을 끙끙대며(?) 반올림을 하고 합계를 내었다. 그리고 종이에 나타난 최종 합계를 보이며 손님들에게 음식 값을 내라고 했다. K에 의하면 이곳에서 일하는 웨이터는 절대로 간편한 전자식 계산기를 쓰지 않는 것이 전통이라고 소개했다. 자연스럽게 이곳 웨이터는 구구법 계산을 못하면 애당초 취직이 되지 않는다는 말이었다. 계산기나 휴대전화가 없으면 아무것도 못하는 요즘 사람들이 보면 기절할 일

Bouillon Chartier 7, Rue de Faubourg de Monmartre, Paris 9, 화려한 식당의 내부 전경

이다. 신통하기도 해서 우리는 웨이터에게 부탁해서 식당 주소가 적힌 큰 종이 한 장을 기념으로 받았다. 그곳에 적힌 식당 이름과 주소이다. 독자는 어느 때고 기회가 되면 이 평범한 파리 시내 식당을 활용해보시길 권한다.

독특한 전통 덕에 많은 관광객들이 이 음식점에 몰려든다고 했다. 우리가 계산을 마칠 즈음에는 어느덧 많은 사람들이 문밖에 긴 줄을 서서 차례가 오기를 기다렸다. 음식 값도 보통인데다 실내 장식이며 음식을 주문하고 만드는 모든 것이 옛날식인 이 식당을 떠나며 '참 별 식당도 다 있구나'라는 생각을 했다. 우리는 파리가 준 좋은 인상 하나를 마음에 찍고 숙소인 아파트로 돌아왔다.

나폴레옹의 흔적이
남아 있는 궁전

- 퐁텐블로Fontainebleau 숲과 궁전 방문

퐁텐블로 궁전Chateaux de Fontainebleau

프랑스에서 나폴레옹Napoleon에 관한 얘기를 빼면 공허를 느낀다.
파리 어디를 가든지 근세 유럽 역사의 큰 몫을 해냈던 나폴레옹에
관한 얘기가 넘쳐난다. 특히 유럽 정치의 중심지였던 파리에는 곳곳
에 대문자 〈N〉이라는 글자가 큰 건물 위에 붙어 있다. 모두 나폴레
옹을 기념하는 표시이고 사람들은 그를 존경하고 사랑한다.

퐁텐블로 궁전

　　나폴레옹이 프랑스 황제가 되어서 가장 오래 살았고 패전 후 1814년 전승국들에 의해서 엘바섬에 유배를 떠나던 날까지 살았던 거처가 바로 파리 근교에 있다. 드넓은 퐁텐블로Fontainebleau 숲 가운

모레쉬르루앙 마을에서   퐁텐블로 궁전 입구에서

데 있는 아름다운 궁전이다. 일찍 12세기부터 여러 왕들이 성을 짓고 또 개축하고 확장을 해서 오늘의 모습을 만들었고, 특히 프랑스 대혁명 후에 미술품이며 가구들이 없어지고 건물이 쇠락했을 때 나폴레옹이 다시 궁전을 재건하고 화려한 프랑스의 대표적인 왕궁 가운데 하나로 만들었다. 그는 황제로 있으면서 이곳에서 프랑스와 유럽을 호령했다. 지금도 궁에는 그가 입었던 옷과 '머리카락' 몇 올을 보관해서 찾아오는 수많은 관람객들에게 실낱같은 체취를 남겨 두고 갔다.

우리는 파리 시내를 벗어나서 동남쪽으로 50여km 떨어진 이곳

궁전을 방문하고 하루를 부근에서 지내기로 했다. 우리는 도착해서 바로 넓은 궁전을 천천히 보고 나서, 뒤에 있는 해자와 공원 같이 큰 정원, 그리고 초여름 무성한 잎과 신록을 자랑하는 푸른 숲속의 옛 사냥터를 보면서 프랑스의 많은 왕들이 즐겼을 영화와 사치를 어림해보았다.

그런데 그만 배가 고팠다. 우리는 좀 늦긴 했지만 점심을 그곳에서 가까운 중세 마을 한 곳을 찾아 가서 먹기로 했다. 〈모레쉬르루앙〉Moret-sur-Loing은 센 강변에 있는 작은 마을이었다. 아직도 중세에 지은 집들과 돌길 등 고성의 모습이 뚜렷한 곳이다. 센강을 잇는 낡은 돌다리, 다리 양쪽에 세운 작은 성루, 그리고 마을을 관통하는 100여 미터가 넘는 돌길은 천년 세월을 그곳에 버티며 서 있었다. 오랜 세월 수많은 사람들이 오갔고 그리고 살면서 남긴 얘기들이 조그만 돌을 깔아 만든 울퉁불퉁한 돌길 위와 빛바랜 돌담에 여기저기 마구 묻어 있었다.

우리는 〈라포테르느〉La Poterne라는 강변에 자리 잡은 식당에서 이곳 사람들이 잘 먹는 간단한 점심인 갈레트Galette를 먹었다. 한국에서 먹는 계란덮밥 비슷한 음식이지만 이곳 방식으로 치즈와 양념을 넣고 만든 음식이었다. 후식으로 '크레프'라는 달고 고소한 프랑스 전통 부침개를 시켜 커피와 함께 먹었다. 간단한 음식보다 중세 식당에서 편하게 앉아서 순서 없이 나눈 우리의 대화가 진수성찬보다 더 풍성했다. 가슴속까지 시원한 폭소가 어떤 후식보다 달콤했다.

비와 채색 유리창이
빚어내는 진풍경

- 샤르트르 사원Cathedral de Notre Dame de Chartres과
- 채색 유리창Stained Glass,
- 피카시에트의 집La maison Picassiett

    프랑스의 유명 사원 가운데 천장과 창문의 채색 유리Stained Glass
가 가장 아름다운 고성으로 알려진 샤르트르 사원Cathedral de Chartres
이 파리 근교에 있다. 파리에서 동북쪽으로 한 시간 반 정도 차로 달
리면 넉넉하게 갈 수 있는 곳이었다. 우리는 모처럼 파리에서 렌탈
카Rental Car를 빌려서 타고 가기로 했다.

아침 날씨는 어제와 비슷
했다. 파리에 사는 사람들은
비를 먼 친구처럼 여기며 산
다. 우기인 겨울철은 말할 것
도 없이 건기인 여름철에도
잊을 만하면 찾아오는 비다.
반갑지는 않지만 찾아오면 굳
이 불평 하지 않고 맞아드리
는 것이 습관이 되었다. 오늘
은 아침부터 비가 오는 날이
다. 우리는 부근에 있는 렌터
카 사무실을 을 들러서 차를
빌렸다.

샤르트르 사원 앞에서

샤르트르 사원은 프랑스의 많은 중세 사원 가운데 크고 아름답
기로 유명한 사원이다. 동쪽 입구에 우뚝 솟은 두 개의 고딕Gothic
탑의 모양이 서로 달라서 멀리서 보면 한 쪽 탑이 사고가 나서 부서
진 듯 보였다. 사원 정원에 들어가서 두 탑을 비교해 보자 두 탑이
대칭이 아니고 한 쪽이 약간 달랐지만 부서진 것은 아니고 조화를
이루어 아름답기만 했다.

우리는 차를 주차장에 세워놓고 비를 피해 사원 안으로 급히 들

사원 전면의 채색 유리

어섰다. 주위가 갑자기 밝아졌다. 사원 안은 궂은 바깥 날씨와는 사
뭇 다르게 환하고 유쾌했다. 천장에서 그리고 사방 창이 다 강한 채
색 유리로 가득했다. 밝고 아름다운 채색 유리가 사원 안을 온통 딴
세상으로 만들었다. 신비한 분위기가 비에 젖은 우리를 말없이 따뜻

하게 맞았다. 전면과 후면 그리고 크고 넓은 사원 안의 천장에는 강한 색감의 채색 유리가 영롱한 빛을 속에 감추고 온 사원을 밝히고 있었다. 채색 창 밑으로는 또 여러 색상으로 빚은 투박한 돌 조각이 사방에 둘러 있었다. 이들 채색 유리창과 벽들이 한결같이 방문객들에게 아름다운 얘기들을 열심히 전하고 있었다.

사원 전면의 채색 유리는 예수 그리스도의 일생을, 후면은 성모 마리아의 일생을 그리고 그들이 만나고 함께 살았던 사람들이 나와서 옛 이야기를 소리 없이 전해주고 있었다. 채색 유리로 어떻게 그 많은 인물을 그리고 그들의 대화를 소리는 없지만 슬기롭게 전할 수 있는지 신기하기만 했다. 우리는 그 이야기에 빠져서 시간을 잊고 있었다. 또 그 밑 사방 벽 위에 붙인 조각들은 〈중세 농부들과 목동들의 평화스런 모습〉이었다. 우리는 전면과 후면에서 자리를 잡고 번갈아 돌아앉아서 한참씩 채색 명화들을 즐겁게 바라보았다. 사원의 역사는 4세기 말 고대로 거슬러 올라갔다. 그리고 중세 12, 13세기를 거쳐서 무너지고 그리고 또 새로 짓고 개축해서 오늘의 아름다운 사원을 완성했다고 한다.

넓은 성당의 한 쪽에서는 마침 미사가 조용히 진행되고 있었다. 오늘도 이곳 샤르트르 사람들이 미사를 드리기 위해서 성당 한 쪽에 모였던 것이다. 그들은 조상들이 지하사원에 묻힌 이곳에서 조상들이 드렸던 것 같이 미사를 드리며 삶을 이어가고 있었다. 그들이 어

느 때고 긴 역사를 잊지 않고 조상들과 함께 사는 법을 배우는 장소 같았다. 우리는 떠나기 전에 주일예배를 드리고 왔지만 이들 샤르트르 사람들과 함께 앉아서 성경 얘기를 들었다.

점심시간이 훌쩍 지난 시간이었다. 사원 밖에 마침 팬케이크 전문점이라고 간판이 붙어 있는 식당이 있었다. 내린 비로 날씨가 추워진 까닭에 팬케이크를 시켜 먹고 뜨거운 차를 마시며 몸을 덥히고 있을 때 후배 K군의 전화 연락이 왔다. 오늘 저녁을 함께 먹자고 하면서 우리가 이곳 샤르트르에 있다는 말을 듣고 이곳에서 꼭 볼 곳이 있다고 귀띔을 하며 가 볼 것을 권했다. 언제 들어도 털털한 그의 목소리가 오늘 따라 더욱 반가웠다.

접시 도둑의 집, 피카시에트의 집Maison Picassiette

후배가 샤르트르에서 꼭 보아야 한다며 강력하게 추천한 곳은 바로 〈접시 도둑의 집〉이라는 별명을 가진 한 가난했던 예술가의 집이었다. 그는 평생을 자신의 집에 온통 색 유리 조각으로 여러 가지 그림을 그리고 꾸미고 해서 집과 담 등 전체를 색유리 미술품으로 바꾸었다. 레이몽 이시도르Raymond Isidore라는 사람이 1930년에 시작해서 죽을 때인 1964년까지 무려 34년 동안 15톤의 각종 채색 접시와 술잔과 병 그리고 마개들을 모아서 그것을 가지고 집 안팎에 그림을 그린 것이다.

우리도 집을 방문하고 대단했던 그의 집념을 확인하고 혀를 찼다. 마룻바닥에서 천장까지 온 집안에 그리고 집 안팎의 통로들 위에 깨진 색유리가 붙지 않은 곳이 없었다. 그들이 아름다운 그림 조각이 되었고 어떤 곳은 사람들이 또 여러 동물들과 나무와 숲 그리고 하늘과 구름이 있는 훌륭한 그림이 되었다. 그가 죽고 나서 샤르트르 시에서 그의 집을 사서 박물관으로 만들고 입장권을 팔며 찾아오는 방문객을 맞고 있었다. 입구에 있던 사람들이 1954년에는 젊은 피카소도 이 집을 방문했다고 전했다.

샤르트르 사원의 웅장한 건축물과 그 속에 있는 아름다운 채색 유리Stained glass 그림이 프랑스를 대표하는 중세 건축물과 예술이라면, 피카시에트는 샤르트르를 대표하는 가난한 현대 예술가의 집념이 피운 귀하고 예쁜 꽃이었다. 피카시에트라는 말은 도둑이라는 피크Pique와 접시라는 아시에트Assiette 라는 단어를 합성해서 만든 '접시 도둑'이라는 말이다. 그가 평생 그 일대의 접시를 다 끌어 모아서 자신의 집을 단장했다는 말이었다.

피카시에트의 집 앞에서

우리는 차를 돌려주고 호텔로 돌아와서 저녁을 함께하길 원하는 K가족을 기다렸다. 시간이 되어서 K가 혼자 차를 몰고 호텔로 우리를 찾았다. 부인은 마침 딸들과 손주들 때문에 나오지 못한다고 했다. 그가 중국집을 가자고 했다. 나도 전에 갔던 큰 중국 음식점을 늦게 찾아서 우리 모두가 저녁을 맛있게 먹었다. 여행 중에 가끔 먹는 중국 음식은 피곤한 여행객들의 입맛을 돋우는 조미료였다.

산책 얘기를 마치며

빙산의 일각이 된 파리 소개

　나는 지금까지 파리 시내와 주변 몇 곳을 소개했으나 역시 파리 시와 부근 가운데 작은 일부에 불과하다. 지면 관계로 소개하지 못한 다른 여러 지역과 역사적 건축물이 즐비하다. 몽파르나스Montparnasse 지역, 불로뉴 숲 공원Bois de Boulogne과 그 속에 지은 큰 건물들, 유명한 고전 극장인 아카데미 프랑세즈L'Academie de France와 연중 미술품을 전시하는 프티 팔레Petit Palais와 그랑 팔레Grand Palais. 또 마르모탕 모네 미술관Musee Marmottan Monet을 비롯해서 많은 박물관들이 있고, 세계적 유명 식당인 막심Maxim's Paris이나 투르 다르장Tour d'Argent 등과 같은 전통과 역사가 깃든 많은 프랑스 전통 음식점들이 시내 곳곳에 널려 있다. 파리의 다른 별명은 음식과 요리의 천국이다.

하루 이틀 일정 속의 프랑스

　파리를 방문하는 여행객들은 여행 기간에 따라서 또 자신의 기호에 따라 어느 곳을 택해서 방문해도 좋은 명소들이 수도 없이 많다. 그리고 파리를 벗어나 하루 이틀에 다녀올 수 있는 몽생미셸Mont-St-Michelle 성과 루아르Loire 강변의 여러 성채들이 있다. 조금 더 나가면 포도주로 유명한 보르도 지역의 넓은 포도원과 들판이 있고 프랑스가 자랑하는 조용한 TGV라는 고속 철도를 이용하면 니스나 칸 등 남불 등 프랑스 전역을 어디든지 2, 3일에 다녀올 수 있다.

격조 높은 밤 문화

　파리는 또 저녁과 밤 시간을 활용해서 가볼 수 있는 유명한 나이트클럽이나 쇼 공연장들이 있다. 1889년 시작해서 1900년대 후반 〈캉캉 댄스〉로 유명해진 물랑루즈Moulin Rouge를 비롯해서 리도Lido, 크레이지 호스Crazy Horse, 폴리베르제르Folies-Bergere 등 많은 밤 문화 공연장들이 있다. 이들 공연장들이 매년 내놓는 춤이나 쇼는 프랑스인의 예술 감각과 재치를 유감없이 세계인들에게 보여주는 화려한 패션과 예술의 격조 높은 공연장이 되고 있다.

역사의 보고, 프랑스

파리는 또 역사를 연구하고 사랑하는 사람들이 책을 읽고 알고 있던 유럽 역사의 현장들을 눈으로 보고 확인하는 도시이기도 하다. 프랑스 전역이 아직도 긴 유럽 역사의 유물을 잘 간직하고 있어서 어디서든 마음만 먹으면 유익한 역사의 현장들을 확인하고 살필 수가 있다. 세월이라는 세상 별명을 가진 '역사의 시간'은 미라보 다리 위에서 시인이 토했던 것 같이 강물이 흐르듯 사람들과 함께 가버리지만 문화라는 역사의 유물은 이렇게 세대를 이어 전해지고 있다.

여행의 목적은 여러 가지가 있다. 그러나 사람은 언제인가는 이 땅의 삶을 떠나야 하는 숙명이다. 그런 까닭에 사람은 본능적으로 여러 형태로 떠나는 연습인 여행을 하며 산다. 프랑스인도 전문가도 아님에도 불구하고 프랑스와 파리를 소개하는 책자를 감히 출판하는 이유는 지금까지 프랑스를 여행했던 사람들로부터 프랑스인은 영어를 기피하고 방문객들에게 불친절하다는 나름대로의 불평을 한국과 미국에서 여러 번 들었기 때문이다. 그러나 누구나 조금만 조심해서 살펴보면 그런 평은 근거가 없는 오해라는 사실을 깨달을 수 있다. 프랑스와 파리는 결코 여행이 어려운 곳이 아니며 오히려 조금만 알고 가면 인류가 보존하는 예술과 문화의 최대 보고를 보고 즐길 수 있는 곳이다.

이 책은 총 19장으로 되어 있고 매 장은 보통사람이면 하루 산책으로 걸어서 볼 수 있는 파리 시나 근교를 소개한 것이다. 물론 시내를 빠져 나가 몇 시간을 차로 가는 날은 따로 교통편과 목적지의 성

격에 따라 일정을 조정할 수 있지만 대개는 차를 타고 하루에 갔다 올 수 있는 대표적 명소를 뽑았다. 한 번의 여행으로 모든 곳을 보기 어려울 때는 순서에 관계없이 이들 가운데 자신의 여행기간과 취미를 고려해서 장소와 기간을 선택해서 방문할 수 있도록 했다.

미완의 장을 남겨두고

여행은 시작과 끝이 없는 본향을 찾는 인간의 속성에서 시작했다는 말을 했다. 오늘도 사람들은 목적지를 정하고 여행을 떠나지만 마지막 장은 늘 미완일 수밖에 없다. 앞으로 좋은 여행기가 더 나와서 이 책의 부족한 면을 보충해주고 프랑스와 그리고 문화를 가꾸고 보존하려는 파리 시민의 문화 의식을 잘 이해하게 된다면 더 바랄 것이 없다.

여행은 누구나 가질 수 있는 즐거운 기대이다. 누구나 일상을 떠나서 미지의 곳으로 여행한다는 생각은 마음에 기쁨과 기대를 준다. 사랑하는 가족이나 친구들과 함께 가는 여행이라면 기쁨은 배로 늘어난다. 서로 적당한 간격Privacy을 유지하면서 마음에 맞는 사람들과 미지의 곳을 찾는 일은 어느 때나 기쁜 일이다. 누구나 여행을 하는 이유이다. 혹 여행을 끝내고 몇 줄 여행기록을 적어두면 아무리 먼 훗날이라도 사진과 함께 즐거운 기억을 찾아 언제나 즐길 수 있다. 인생은 잊고 버리기에는 너무 소중한 선물이기 때문이다.

우리는 파리에 살았다는 이유 외에도 파리에는 내가 형제처럼 사랑하고 좋아했던 후배 둘이 살고 있는 곳이다. 두 후배는 조성용 씨와 감광호 씨 두 사람이다. 그들은 1970년대 후반부터 파리에서 S회사 주재원으로 살기 시작해서 지금까지 거의 반세기 동안 파리에서 잘 살고 있는 후배들이다.

최근 두 사람 가운데 조성용 씨가 서울 방문 중 갑자기 작년2020년 7월에 작고했다는 소식을 들었다. 청천벽력 같은 안타까운 소식이었다. 반세기 동안 그와 함께했던 우리의 모든 시간이 주마등같이 떠올랐다. 파리를 사랑했고 프랑스의 문화를 깊이 이해했던 영원한 파리지앵Parisien 한 사람을 잃어버린 것이다. 나는 이 책을 고인을 떠나보내는 정표로 그의 영전에 삼가 드린다.

파리를 걸으며 예술을 만나다

초판 1쇄 인쇄 _ 2022년 5월 1일
초판 1쇄 발행 _ 2022년 5월 6일

지은이 _ 김종수

펴낸곳 _ 바이북스
펴낸이 _ 윤옥초
편집팀 _ 김태윤
디자인팀 _ 이민영

ISBN _ 979-11-5877-295-6 03920

등록 _ 2005. 7. 12 | 제 313-2005-000148호

서울시 영등포구 선유로49길 23 아이에스비즈타워2차 1005호
편집 02)333-0812 | 마케팅 02)333-9918 | 팩스 02)333-9960
이메일 postmaster@bybooks.co.kr
홈페이지 www.bybooks.co.kr

책값은 뒤표지에 있습니다.

책으로 아름다운 세상을 만듭니다. ― 바이북스

미래를 함께 꿈꿀 작가님의 참신한 아이디어나 원고를 기다립니다.
이메일로 접수한 원고는 검토 후 연락드리겠습니다.